팔선생의 비법전수

TSC 달성하기
4급 모의고사

그냥쉽게

2

CARROT HOUSE
中国北京市通州区大运河开发区运河明珠2号楼2单元2172

TSC 가볍게 달성하기 4급 모의고사 2
ⓒ CARROT HOUSE

All rights reserved. No part of this publication may be reproduced,
stored in a retrieval system, or transmitted, in any form or by any means,
without the prior permission in writing of CARROT HOUSE.

First published July 2014

Author : Carrot Language Research & Development

ISBN : 978-89-6732-133-8

Printed and distributed in Korea
9th Fl., Daenam Building, 199, Nonhyeon-dong
Gangnam-gu, Seoul, South Korea 135-827

목차

TSC에 대해서 4

이 책의 구성 6

TSC 4급 진단지 8

Part 1   실전 모의고사 9

    실전 모의고사 1 10

    실전 모의고사 2 34

    실전 모의고사 3 58

    실전 모의고사 4 82

    실전 모의고사 5 106

Part 2   실전 모의고사 답안 131

TSC에 대해서

1. TSC 소개
TSC(Test of Spoken Chinese)는 '중국어 말하기 시험'으로, 중국어 학습자의 말하기 능력을 직접적으로 평가하는 실용적인 시험이다. 일상 생활의 다양한 상황을 소재로 인터뷰 형식으로 구성되어 있다. 시험의 전반부는 쉬운 난이도로 시작되며, 후반부로 갈수록 난이도는 서서히 높아진다.

2. 구성 및 형식
7부분, 26문항, 시험시간 총50분

구분	구성		문항수	생각할 시간(초)	답변시간(초)
제1부분	自我介绍	간단한 자기소개하기	4	0	10
제2부분	看图回答	제시되는 그림에 맞도록 답하기	4	3	6
제3부분	快速回答	일상생활과 관련된 화제에 대해 대화 완성하기	5	2	15
제4부분	简短回答	일상적인 화제에 대해 간단하게 설명하기	5	15	25
제5부분	拓展回答	의견과 생각을 묻는 질문에 논리적으로 답하기	4	30	50
제6부분	情景应对	주어진 상황에 적절하게 대응하여 답하기	3	30	40
제7부분	看图说话	4개의 연속된 그림을 보고 스토리 구성하기	1	30	90

3. 레벨 설명

등급		설명
최상급	10등급	고급 수준의 화제에 대해서도 논리적으로 유창하게 말할 수 있다. 풍부한 어휘력을 갖추고 있는 것은 물론 사자성어와 관용어를 구문 안에서 적절히 사용할 수 있고 대체적으로 어법에서도 실수가 없는 편이다. 발음과 억양 등이 자연스러우며 모국어의 영향이 아주 적다.
고급 上	9등급	대부분의 일반적인 화제에 적극적으로 대처하고 참여할 수 있으며 자세하게 설명할 수 있는 능력을 갖추고 있다. 고급 수준의 화제에 대해 자신의 의견을 논리적으로 전개할 수 있지만 이런 경우 어법이나 단어 사용에서 약간의 실수가 나타나기도 한다. 그러나 이해하는 데에는 전혀 영향을 주지 않는다. 관심 분야에 관해서는 폭넓은 어휘력을 갖추고 있으며 필요에 따라 문형과 표현 방법을 바꾸어 의사를 전달할 수도 있다. 모국어의 영향이 적고 유창하게 말할 수 있다.
고급 中	8등급	대부분의 일반적인 문제에 비교적 분명하고 명료하게 어느 정도의 설득력을 갖추고 자신의 의견을 표현해 낸다. 그러나 논리적으로 의견을 제시할 때에는 말하는 속도가 떨어지고 어법 상의 실수를 하기도 한다.
고급 下	7등급	일반적인 화제에 대해 적극적으로 자신감을 갖고 대응할 수 있다. 익숙하지 않은 화제나 분야에 대해서도 어느 정도 답변이 가능하지만 실수가 눈에 띄게 늘어나고 유창함이 떨어진다.
중급 上	6등급	일반적인 화제에 대해 적절히 대응할 수 있고 그 중 익숙한 내용에 대해서는 구체적으로 답할 수 있으며 내용도 충실한 편이다. 그러나 고급 수준의 어법 구조는 충분히 파악하지 못하고 있기 때문에 말을 머뭇거리고 중간에 멈춰버리기도 한다.
중급 中	5등급	자신의 관심분야 등과 같은 일반적인 화제에 대해 구체적으로 답변할 수 있고 기본적인 사회활동을 하는 데 큰 문제가 없다. 일반적인 화제 가운데서도 익숙한 화제나 경험에 대해서는 짧지만 구체적으로 설명할 수 있다. 기본적인 어법과 자신과 관련된 어휘들은 잘 알고 있지만 사용상의 실수가 약간 보이고 여전히 중간에 머뭇거린다. 그러나 대체로 의미 전달에 영향을 미치지는 않는다. 모국어의 영향이 남아 있지만 익숙한 내용에 대해서는 적당한 속도로 말할 수 있다.
중급 下	4등급	자신과 관련된 화제와 말하기에 익숙한 내용에 대해 의사 소통이 가능하며 기초적인 사회활동에 필요한 대화를 할 수 있다. 자주 쓰는 단어와 기본적인 어법을 사용할 수 있지만 종종 실수를 하고 말하는 속도가 약간 느리다. 모국어의 영향이 여전히 강한 편이지만 외국인이 말하는 중국어에 익숙한 호의적인 중국인이라면 이해할 수 있다.
초급 上	3등급	자신과 관련된 화제 중에서도 자주 접하는 질문에 간단하게 대답할 수 있고 제한된 일상적인 화제에 대해서 아주 간단한 단어와 기초적인 어법에 맞춰 구성한 간단한 문장으로 다른 사람과 대화할 수 있다. 발음과 성조가 부정확하고 어휘가 부족하며 모국어의 영향도 강하지만 외국인이 말하는 중국어에 익숙한 중국인이라면 이해가 가능하다.
초급 中	2등급	자신과 밀접하게 관련된 화제 중에서도 자주 접하는 질문에 대해서는 간단하게 대답할 수 있다. 학습한 단어와 구를 이용하여 제한적이고 기초적인 의사소통이 가능하다. 아주 간단한 문장을 만들어 내기도 하지만 이 수준을 꾸준히 유지하지 못하며 어법 지식과 어휘도 상당히 부족하다. 모국어의 영향도 강하게 남아 있어 중국어를 모국어로 하는 사람도 이해하기가 힘들다.
초급 下	1등급	이름, 나이 등 자신과 밀접하게 관련된 질문과 간단한 인사말만 겨우 말할 수 있으며, 암기한 단어와 짧은 구 등 극히 한정된 표현으로만 아주 간단하게 대답할 수 있는 정도의 수준이다. 말하는 속도가 매우 느리고 중간에 말을 자주 멈추며 내용도 불완전하다. 모국어의 영향이 상당히 강하게 남아 있어 외국인과의 대화에 익숙한 중국인도 이해하기가 어렵다.

4. TSC 공략 방법

1) 답변 공략 방법

* **큰 소리로 대답하기**
  소리가 작아 알아듣기 힘들면 정확한 레벨 판단이 불가능한 경우가 있다. 목소리가 작으면 발음이 불분명하기 때문에, 올바른 평가를 받기가 어렵다. 따라서, 평소에 스스로 녹음 방식으로 연습함으로써 자신의 발음과 문법적인 실수를 고치도록 한다.

* **질문 의도 잘 이해하기**
  질문의 의도와 다른 대답을 하면, 아무리 많은 양의 발화를 하더라도 좋은 점수를 받을 수 없다. 짧은 문장이라도 질문의 핵심에 맞는 대답을 하도록 해야 한다.

* **주어진 시간 최대한 활용하기**
  주어진 시간을 최대한 활용하되, 답변시간 내에 의견을 모두 발화할 수 있도록 시간 배분을 잘 한다. 본 교재 활용 시, 준비시간 및 답변시간을 지켜 시간을 배분하는 연습을 하도록 한다.

2) 부분별 공략 방법

1부분 답변시간 10초	이름, 생년월일, 가족, 학교(직장)에 대해 정확하게 답변하는 것이 중요하다.
2부분 답변시간 6초	질문을 사용하여 대답하는 것이 가장 안전하다. 예 问题: 他们在做什么? / 回答: 他们在唱歌. 2부분은 답변시간이 짧다. 따라서, 질문 내용과 무관한 말을 많이 하여 대답할 시간이 부족해지지 않도록 주의해야 한다. 2부분에서는 많이 말하는 것보다 실수가 없도록 정확하게 말하는 것이 중요하다.
3부분 답변시간 15초	그림을 보고 그림의 내용을 설명하는 것이 아니라 질문을 듣고 질문에 맞게 정확하게 답변을 하는 형식으로, 제3자의 입장이 아닌 자신의 입장에서 말을 해야 한다. 또한 자신이 질문의 의도를 이해했다는 것을 듣는 사람이 알 수 있도록 분명하게 답변해야 한다. 예 问题: 下星期我要去国外旅行。 回答1: 是吗。 → 답변1의 경우, 답변이 너무 간단하여 질문을 이해한 것인지 판단하기 어렵다. 回答2: 祝你一路顺风。你要去那个国家? → 답변2를 보면 질문을 이해하고 대답한 것임을 알 수 있다.
4부분 답변시간 25초	고득점을 위해서는 첫째, 질문을 잘 듣고 질문에 맞는 대답을 해야 한다. 동문서답을 했을 경우 아무리 답변을 잘하더라도 좋은 점수를 받을 수 없다. 둘째, 본인의 생각을 묻는 질문들이 많으므로 주어진 시간을 최대 이용하여 가능한 한 충분히 설명해야 하며, 완전한 문장으로 말해야 한다. 셋째, 누가 들어도 어떤 내용을 말하고 있는지 이해할 수 있도록 설명해야 한다. 평소에 발음, 성조, 문법, 시제 등을 주의하며 말하기 연습을 한다면 점차 말하기 실력이 좋아질 것이다. 문장 간의 연관성도 매우 중요하다. 많은 학생들이 접속사를 사용하지 않은 채 여러 개의 문장을 단순히 나열하는 식으로 답변을 하는 경우가 있는데, 이런 경우는 어구가 서로 연관되지 않고 전체적인 답변의 구성이 완전하지 못한 느낌을 주게 된다.
5부분 답변시간 50초	5부분은 주어진 시간 안에 자신의 생각을 논리적으로 전달해야 한다. 따라서 듣는 사람이 답변의 내용을 이해할 수 있도록 조리 있게 말하는 것이 매우 중요하다. 매 문항마다 답변을 생각하는 시간은 30초, 답변시간은 50초로 한정되어 있기 때문에 시간을 잘 활용하기 위해서는 먼저 자신의 의견을 말한 뒤 그 의견을 뒷받침하는 부연설명을 하고, 마지막으로 다시 한번 자신의 생각을 짧게 정리해서 강조하는 것이 좋다. 발화 시 기본적인 문법을 정확히 사용하는 것 이외에 적절한 관용어나 성어 등 난이도가 있는 어휘나 구문을 사용하면 보다 높은 등급을 받을 수 있다.
6부분 답변시간 40초	6부분에서 중요하게 평가하는 점은 두 가지이다. 첫 번째는 자신이 어떠한 상황에 처해졌다고 가정을 하고 그 상황에 맞게, 상대방과 대화를 하듯이 답변을 하는 것이다. 두 번째는 문제가 요구하는 과제를, 정확하게 달성했는가 하는 것이다. "차가 자주 고장이 나는 것에 대해 항의하고 문제를 해결해 보세요."라는 과제에 대해 항의뿐만 아니라 문제 해결책까지 말해야 비로소 완전한 답변이라고 할 수 있다.
7부분 답변시간 90초	포기하지 말고 주어진 시간을 잘 활애하여 각각의 그림을 하나의 완전한 이야기로 구성하여 말하도록 한다. 그림의 내용을 모르는 제3자가 들어도 그 상황을 이해할 수 있도록 설명할 수 있어야 하며, 설명을 할 때는 제3자의 입장에서 설명하도록 한다.

★ 3) 중국어 중급자의 TSC 4급 공략 방법

연습을 통해 논리적이고 정확하게!!

* TSC 전체 부분 중, 3부분~5부분 집중 패턴 연습하기
  * 전 부분 공통 전략: 답변 시, 답변 시간을 충분히 활용하도록 한다.
  * 3부분: 생활 전반에 걸친 인사, 쇼핑, 축하, 거절 등의 표현을 익힌다.
  * 4부분: 질문의 의도에 맞는 답변을 도입 – 전개 – 마무리로 논리적으로 완성한다.
  * 5부분: 기본적인 문법을 정확하게 사용하는 것 이외에 적절한 관용어나 성어 등 난이도가 있는 어휘나 문구를 사용한다.
* TSC 4급과 3급의 차이는 정확성이다. 본교재 예시답안에서 제시하는 '모범 답안 공식'을 익힌 후 정확도 높은 답변이 가능하도록 연습한다.
* TSC 4급의 유창성과 어법, 어휘, 발음은 신HSK 5급의 수준이다. 단순 단어 암기가 아닌, 자주 출제되는 에피소드 관련 단어 및 표현을 확장하도록 한다. (*TSC 4급: 약 1200 단어)

이 책의 구성

1 TSC 4급 진단지

시험을 보기에 앞서 자신의 실력을 진단할 수 있는 TSC 4급 진단지이다. (TSC 4급 획득 안전 점수: 50점 / 100점)
평가 영역과 기준은 다음과 같다.

평가영역	평가 방법	평가 기준
词语	단어 읽기	5점(10점): 발음이 정확함, 문제를 모두 정확하게 이해하며 어법에 틀림없이 대답 가능
		4점(8점): 발음이 비교적 정확함, 질문에 정확하지는 않지만 간단한 문장으로 대답 가능
口语	질문에 대답하기	3점(6점): 발음이 부정확함, 짧은 문장으로 대답 가능
		2점(4점): 대부분의 발음에 오류가 있음, 3~4개 단어로 대답 가능
语法	질문에 본인의 상황에 맞게 대답하기	1점(2점): 질문을 정확하게 이해하지 못하며, 발음이 부정확함. 1~2개 단어로 대답 가능
		0점(0점): 질문에 전혀 대답하지 못함
阅读	문장을 읽고 임의로 선택된 문장 해석하기	*语法: 10점 만점 기준

2 TSC 4급 실전 모의고사 5세트

130제의 풍부한 실전연습문제로 실제 시험 적응력을 높이도록 구성되었다. 매년 새로운 형태의 문제가 제시되기는 하지만, 기출문제가 반복적으로 출제되고 있다. 이를 주제별로 분석하여 시간, 날짜, 계절, 날씨, 습관, 취미, 운동, 음악, 여행, 쇼핑, 가정, 친구, 학교, 은행, 설득, 부탁, 불평제가 및 해결책 요구, 감동, 황당 등의 자주 출제되는 에피소드로 문항을 구성했다.

* **TSC 第一部分 自我介绍**

  출제 범위: 이름, 생년월일, 가족 수, 소속 기관

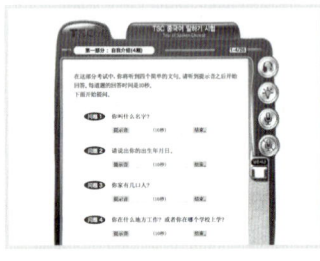

* **TSC 第二部分 看图回答**

  출제 범위: 날짜, 요일, 계절, 날씨, 시간, 가격, 나이, 번호, 무게, 길이, 위치, 존재, 장소 등

* **TSC 第三部分 快速回答**

  출제 범위: 동작, 감정, 축하, 감사 사과, 만남, 헤어짐, 안부, 상태 등

* **TSC 第四部分 简短回答**

  출제 범위: 성격, 취미, 운동, 습관, 영화, 음악, 쇼핑, 회사, 출장, 친구, 학습 등

* **TSC 第五部分 拓展回答**

  출제 범위: 전화, 컴퓨터, 은행, 사회문제, 회사생활, 정치, 경제 등

* **TSC 第六部分 情景应对**

  출제 범위: 약속, 서비스, 주문취소, 부탁, 격려, 설득, 상의, 사과, 축하 등

* TSC 第七部分 看图说话

출제 범위: 감동, 황당, 반전, 놀람, 항의 등

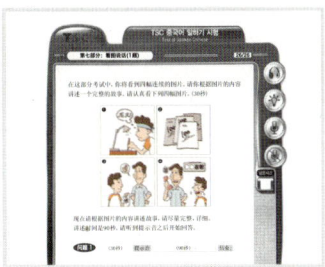

3 TSC 4급 실전 모의고사 해답

> **3 질문** 你的室友不喜欢打扫房间, 每天都把屋子弄得很乱。请你给她一些忠告。
>
> **예시답안** 小丽, 我们一起住在这个宿舍都已经好几年了, 这是我们共同居住的地方, 也是我们共同的家。我不想我们的家变得像垃圾堆一样。我们都是家里的成员, 有责任也有义务去保持这个家的环境卫生。俗话说得好 "一屋不扫何以扫天下"。如果你继续这样下去, 我会搬出去的。我不愿意跟一个没有责任感的人住在一起。
>
> **한글해석**
> 질문: 당신의 룸메이트는 방 청소하는 것을 즐기지 않습니다, 매일 집안을 어지럽힙니다. 당신이 그녀에게 충고를 해보세요.
> 예시답안: 샤오리, 우리가 같이 이 기숙사에 생활한지도 이미 몇 년이 되었네, 이곳은 우리가 같이 사는 공간이고 또한 우리가 같이 쓰는 공간이야. 나는 우리 집이 쓰레기장처럼 변하는 것을 원하지 않아. 우리는 모두 집의 한 성원이고, 집의 환경위생을 지키는 책임과 의무가 있어. 속담에도 이런 말이 있어, '자기의 방도 청소하지 않으면 어떻게 천하를 다스리겠는가' 만약 네가 계속 이렇게 한다면 나는 이사할 거야. 나는 책임감이 없는 사람과 같이 살 수 없어.
>
> **단어**
> • 宿舍 [sùshè] 명 기숙사
> • 居住 [jūzhù] 동 거주하다
> • 垃圾 [lājī] 명 쓰레기
> • 保持 [bǎochí] 동 유지하다
> • 继续 [jìxù] 동 계속하다
>
> **Tip** '像~一样'는 비유를 나타낸다. '마치 ~와 같다', '처럼'이라는 뜻이다.
> 예) 今天的天气像冬天一样。
> 오늘의 날씨는 겨울과 같다.

예시답안

중국어 중급 학습자의 수준에 맞추어 중고급 어휘로 답변을 구성하였다.

문제의 요점에 충실하면서, TSC에서 고득점을 보장하는 논리적인 답변의 틀에 맞춘 예시답안으로 고득점 획득 스킬이 반영되어 있다.

단어

안정적인 4급 정착 및 5급으로의 도전을 위해서 꼭 외워두어야 할 TSC 핵심 어휘를 정리하였다.

자주 출제되는 에피소드와 관련된 핵심 어휘이므로, 반드시 외우고 실전에서 응용이 가능하도록 자신만의 모범답안을 만들어 보도록 하자.

Tip

예시답안에서 중요한 어휘 및 성어, 속담을 정리하였다.
TSC 중고급 레벨을 획득하기 위해서는 사자성어 및 속담을 효과적으로 사용하는 것이 필요하다. Tip에서 정리한 표현을 실전에서 응용가능하도록 연습하자.

TSC 4급 진단지

날짜:		이름:		
영역	문항		점수	비고
词语	① 保健(bǎojiàn)		5	
	② 消除(xiāochú)		5	
	③ 剥掉(bōdiào)		5	
	④ 难度(nándù)		5	
口语	① 你能介绍一下韩国的传统服饰和它的含义吗?		5	
	② 你自己的理想职业是什么?		5	
	③ 你购买过哪些名牌?		5	
	④ 你发生过或者见过交通故事吗?		5	
语法	① 去中国旅行的好处是什么?		10	
	② 说说你知道的有名的中国电影导演。		10	
	③ 韩国的家庭一般谁来做饭?		10	
	④ 中国的假期为什么这么长?		10	
阅读	① wǒ men yào qǔ cháng bǔ duǎn ma. 我们要取长补短嘛。		5	
	② shí fēn bào qiàn gěi nǐ dài lái le bú biàn. 十分抱歉给你带来了不便。		5	
	③ cóng xià gè xīng qī kāi shǐ wǒ jiù diào dào xīn de bù mén le. 从下个星期开始我就调到新的部门了。		5	
	④ nà tiáo jiàn jiǎn zhí shì wú kě tiāo tī le. 那条件简直是无可挑剔了。		5	
	총점			

Part 1
실전 모의고사

연습을 통해 논리적이고 정확하게!!

실전 모의고사 1

TSC 중국어 말하기 시험
Test of Spoken Chinese

第一部分：自我介绍(4题)　　　　　　　　　　1-4/26

在这部分考试中，你将听到四个简单的文句。请听到提示音之后开始回答。每道题的回答时间是10秒。
下面开始提问。

问题 1　你叫什么名字？

提示音　　(10秒)　　结束。

问题 2　请说出你的出生年月日。

提示音　　(10秒)　　结束。

问题 3　你家有几口人？

提示音　　(10秒)　　结束。

问题 4　你在什么地方工作？或者你在哪个学校上学？

提示音　　(10秒)　　结束。

第三部分：快速回答(5题)

在这部分考试中，你需要完成五段简单的对话。这些对话出自不同的日常生活情景，在每段对话前，你将看到提示图。请尽量用完整的句子来回答，句子的长短和用词将影响你的分数。请听例句。

问题： 老张在吗？
回答1： 不在。
回答2： 他现在不在，你有什么事儿吗？要给他留言吗？

两种回答都可以，但第二种回答更完整更详细，你将得到较高的分数。请听到提示音之后开始回答问题。每道题的回答时间是15秒。
下面开始提问。

第四部分：简短回答(5题)

14/26

在这部分考试中，你将听到五个问题。请尽量用完整的句子来回答，句子的长短和用词将影响你的分数。请听例句。

问题： 会餐时一般吃什么？
回答1： 一般吃五花肉。
回答2： 我喜欢去烤肉店吃五花肉。因为五花肉又便宜又好吃。
　　　　一边吃五花肉，一边喝酒。
　　　　不仅可以放松一下，而且也可以解除压力。

两种回答都可以，但第二种回答更完整更详细，你将得到较高的分数。请听到提示音之后开始回答问题。每道题请你用15秒思考，回答时间是25秒。
下面开始提问。

问题 1 你因故不能完成一项任务，你怎么向你的老板请求宽限时间？

(15秒)　　提示音　　　(25秒)　　　结束。

第五部分：拓展回答(4题)

在这部分考试中，你将听到五个问题，请发表你的观点和看法。请尽量用完整的句子回答，句子的长短和用词将影响你的分数。请听例句。

问题： 你喜欢喝茶还是喝咖啡？
回答1： 我喜欢喝咖啡。
回答2： 我喜欢喝咖啡。我特别喜欢跟朋友见面的时候一起去喝咖啡。一边喝咖啡，一边和朋友聊天，很有意思。

两种回答都可以，但第二种回答更完整更详细，你将得到较高的分数。请听到提示音之后开始回答问题。每道题请你用30秒思考，回答时间是50秒。
下面开始提问。

 城市里应不应该养宠物，谈谈你的想法。

(30秒)　　提示音　　　(50秒)　　　结束。

第六部分：情景应对(3题)

在这部分考试中，你将看到提示图，同时还将听到中文的情景叙述。假设你处于这种情况之下，你将如何应对。请尽量用完整的句子来回答，句子的长短和用词将影响你的分数。请听到提示音之后开始回答问题。每道题请你用30秒思考，回答时间是40秒。下面开始提问。

问题 1

你的妹妹马上就要毕业了。你作为一个先参加工作的过来人，请你给她一些忠告。

(30秒)　　提示音　　　　(40秒)　　　　结束。

第七部分：看图说话(1题) 26/26

在这部分考试中，你将看到四幅连续的图片。请你根据图片的内容讲述一个完整的故事。请认真看下列四幅图片。(30秒)

现在请根据图片的内容讲述故事，请尽量完整，详细。
讲述时间是90秒。请听到提示音之后开始回答。

问题　　(30秒)　　提示音　　　(90秒)　　　结束。

실전 모의고사 2

第一部分：自我介绍(4题)　　　　　　　　　　1-4/26

在这部分考试中，你将听到四个简单的文句。请听到提示音之后开始回答。每道题的回答时间是10秒。
下面开始提问。

问题 1　你叫什么名字？

提示音　　　(10秒)　　　结束。

问题 2　请说出你的出生年月日。

提示音　　　(10秒)　　　结束。

问题 3　你家有几口人？

提示音　　　(10秒)　　　结束。

问题 4　你在什么地方工作？或者你在哪个学校上学？

提示音　　　(10秒)　　　结束。

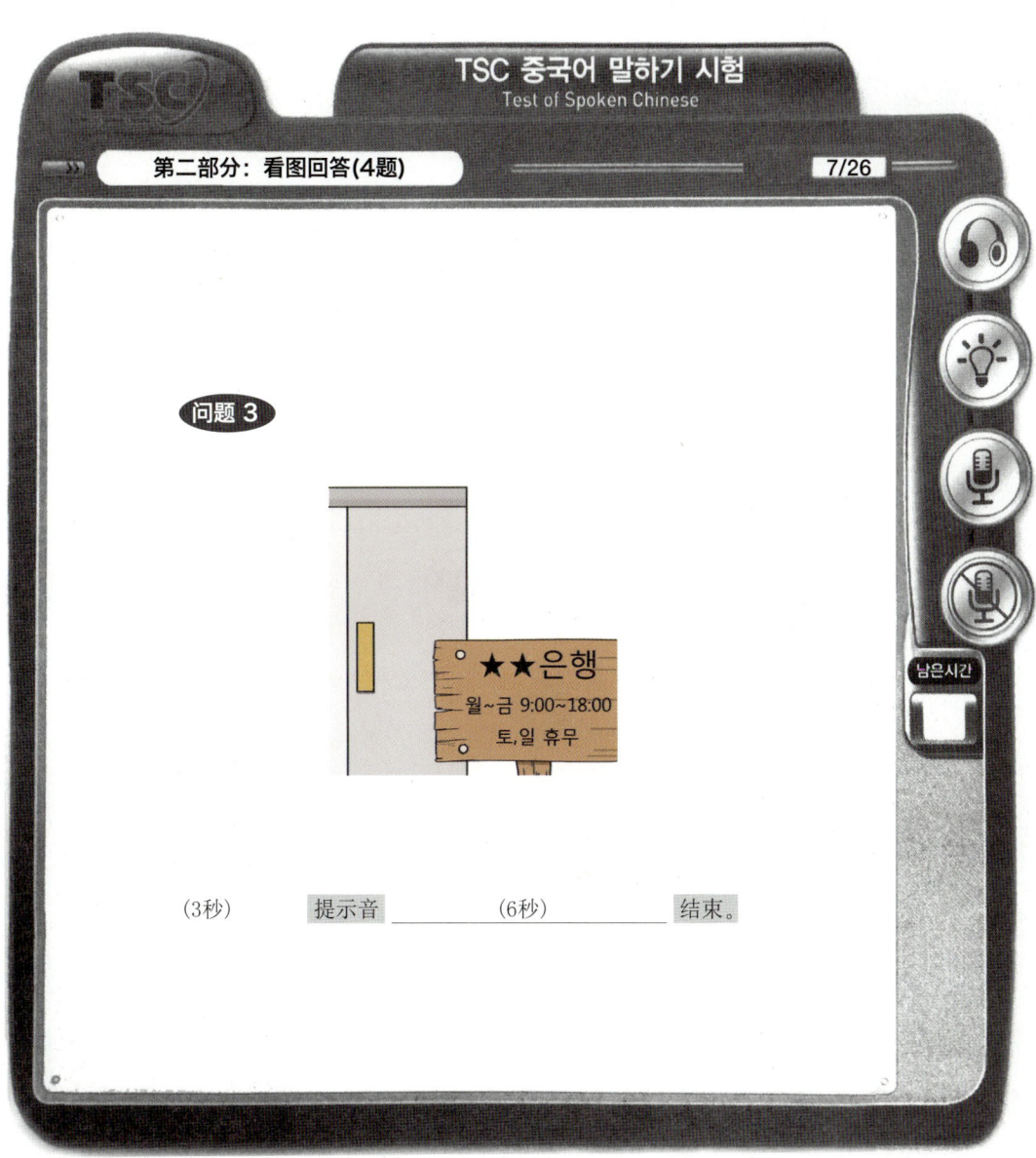

第三部分：快速回答(5题)

在这部分考试中，你需要完成五段简单的对话。这些对话出自不同的日常生活情景，在每段对话前，你将看到提示图。请尽量用完整的句子来回答，句子的长短和用词将影响你的分数。请听例句。

问题：　老张在吗？
回答1：　不在。
回答2：　他现在不在, 你有什么事儿吗？要给他留言吗？

两种回答都可以，但第二种回答更完整更详细，你将得到较高的分数。请听到提示音之后开始回答问题。每道题的回答时间是15秒。下面开始提问。

第四部分：简短回答(5题)　　　　　　　　　　　　　14/26

在这部分考试中，你将听到五个问题。请尽量用完整的句子来回答，句子的长短和用词将影响你的分数。请听例句。

问题：　会餐时一般吃什么？
回答1：　一般吃五花肉。
回答2：　我喜欢去烤肉店吃五花肉。因为五花肉又便宜又好吃。
　　　　一边吃五花肉，一边喝酒。
　　　　不仅可以放松一下，而且也可以解除压力。

两种回答都可以，但第二种回答更完整更详细，你将得到较高的分数。请听到提示音之后开始回答问题。每道题请你用15秒思考，回答时间是25秒。
下面开始提问。

问题 1　有的时候，比起说实话善意的谎言也是需要的。
　　　　如果你和你的爱人遇到这样的情况，你会怎么做？

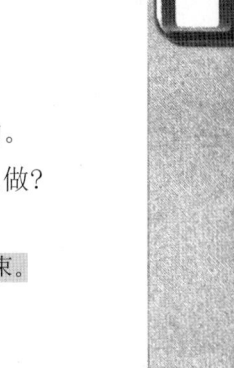

(15秒)　　提示音＿＿＿＿＿(25秒)＿＿＿＿＿结束。

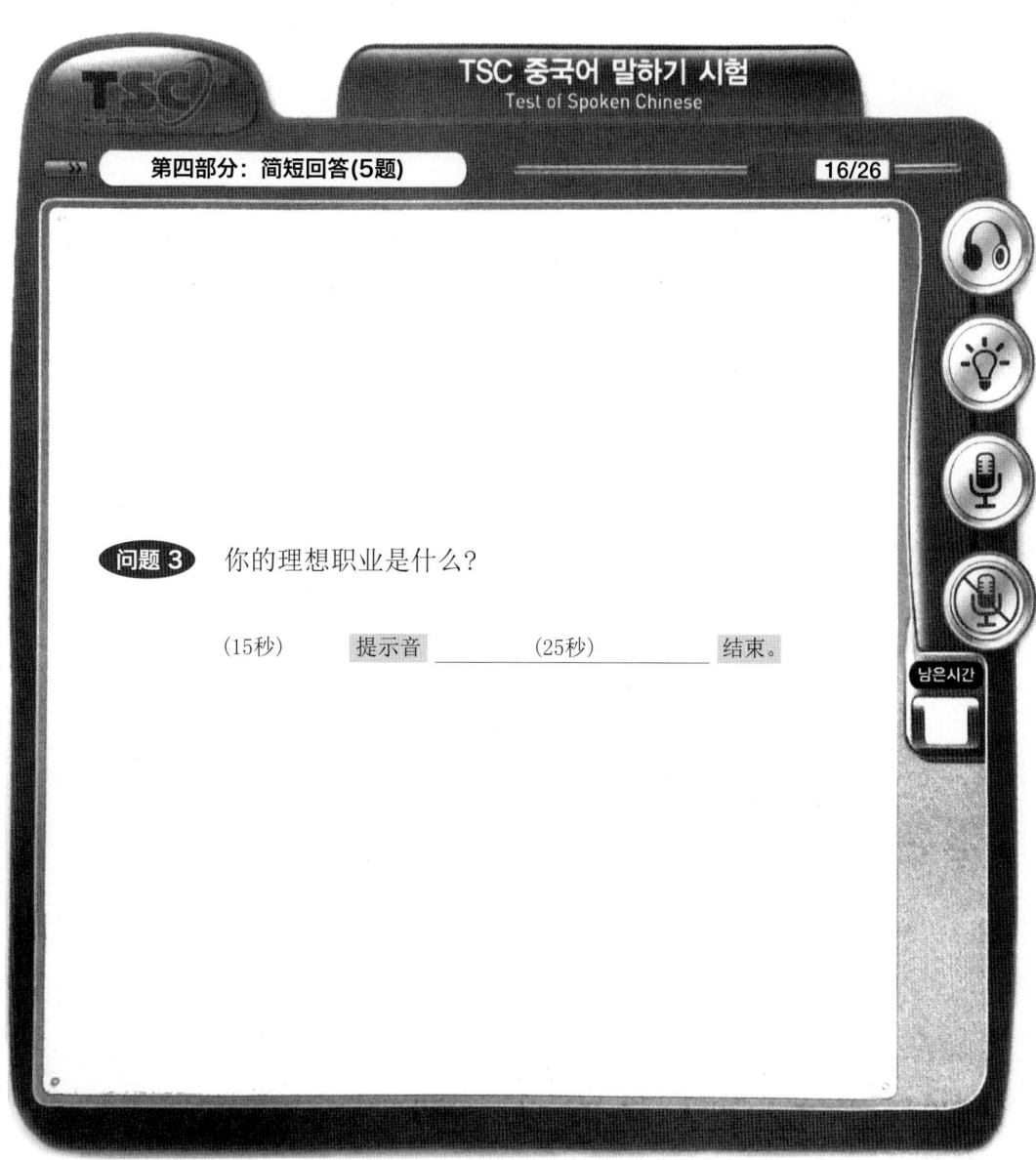

第四部分：简短回答(5题)   18/26

问题 5   对于企业而言，你觉得人力资源重要，还是物资资源重要？为什么？

(15秒)   提示音   (25秒)   结束。

第五部分：拓展回答(4题)

在这部分考试中，你将听到五个问题，请发表你的观点和看法。请尽量用完整的句子回答，句子的长短和用词将影响你的分数。请听例句。

问题： 你喜欢喝茶还是喝咖啡？
回答1： 我喜欢喝咖啡。
回答2： 我喜欢喝咖啡。我特别喜欢跟朋友见面的时候一起去喝咖啡。一边喝咖啡，一边和朋友聊天，很有意思。

两种回答都可以，但第二种回答更完整更详细，你将得到较高的分数。请听到提示音之后开始回答问题。每道题请你用30秒思考，回答时间是50秒。
下面开始提问。

问题 1 现在越来越多的年轻人选择晚婚晚育，简单谈谈你的看法。

(30秒)　提示音　　　(50秒)　　　结束。

第六部分：情景应对(3题)   23/26

在这部分考试中，你将看到提示图，同时还将听到中文的情景叙述。假设你处于这种情况之下，你将如何应对。请尽量用完整的句子来回答，句子的长短和用词将影响你的分数。请听到提示音之后开始回答问题。每道题请你用30秒思考，回答时间是40秒。下面开始提问。

问题 1

你的男朋友不爱读书，每天就喜欢出去和朋友们玩儿。请你告诉他读书的重要性。

(30秒)　　提示音　　　(40秒)　　　结束。

第七部分：看图说话(1题)

在这部分考试中，你将看到四幅连续的图片。请你根据图片的内容讲述一个完整的故事。请认真看下列四幅图片。(30秒)

现在请根据图片的内容讲述故事，请尽量完整，详细。
讲述时间是90秒。请听到提示音之后开始回答。

问题　　(30秒)　　提示音　　　(90秒)　　　结束。

# 실전 모의고사 3

第一部分：自我介绍(4题) 　　　　　　　　　　　1-4/26

在这部分考试中，你将听到四个简单的文句。请听到提示音之后开始回答。每道题的回答时间是10秒。
下面开始提问。

问题 1 你叫什么名字？

提示音 _____ (10秒) _____ 结束。

问题 2 请说出你的出生年月日。

提示音 _____ (10秒) _____ 结束。

问题 3 你家有几口人？

提示音 _____ (10秒) _____ 结束。

问题 4 你在什么地方工作？或者你在哪个学校上学？

提示音 _____ (10秒) _____ 结束。

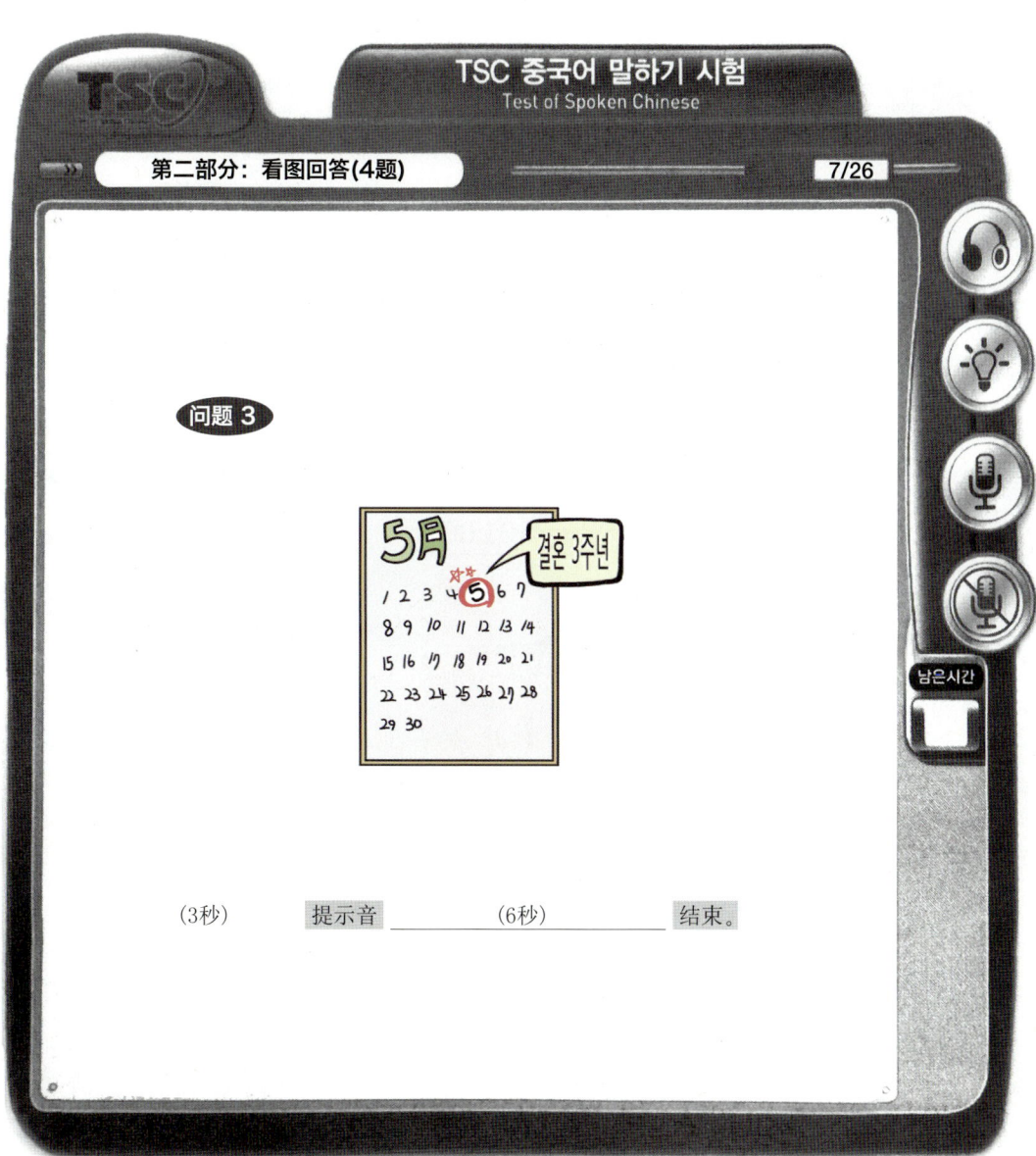

第三部分 : 快速回答(5题)

在这部分考试中,你需要完成五段简单的对话。这些对话出自不同的日常生活情景,在每段对话前,你将看到提示图。请尽量用完整的句子来回答,句子的长短和用词将影响你的分数。请听例句。

问题: 老张在吗?
回答1: 不在。
回答2: 他现在不在,你有什么事儿吗? 要给他留言吗?

两种回答都可以,但第二种回答更完整更详细,你将得到较高的分数。请听到提示音之后开始回答问题。每道题的回答时间是15秒。下面开始提问。

第四部分：简短回答(5题)

在这部分考试中，你将听到五个问题。请尽量用完整的句子来回答，句子的长短和用词将影响你的分数。请听例句。

问题： 会餐时一般吃什么？
回答1： 一般吃五花肉。
回答2： 我喜欢去烤肉店吃五花肉。因为五花肉又便宜又好吃。
一边吃五花肉，一边喝酒。
不仅可以放松一下，而且也可以解除压力。

两种回答都可以，但第二种回答更完整更详细，你将得到较高的分数。请听到提示音之后开始回答问题。每道题请你用15秒思考，回答时间是25秒。
下面开始提问。

 当你结婚时，会选择你爱的人还是爱你的人？

(15秒)　　提示音　　　(25秒)　　　结束。

第五部分：拓展回答(4题)　　　　　　　　　　19/26

在这部分考试中，你将听到五个问题，请发表你的观点和看法。请尽量用完整的句子回答，句子的长短和用词将影响你的分数。请听例句。

问题：　你喜欢喝茶还是喝咖啡？
回答1：我喜欢喝咖啡。
回答2：我喜欢喝咖啡。我特别喜欢跟朋友见面的时候一起去喝咖啡。一边喝咖啡，一边和朋友聊天，很有意思。

两种回答都可以，但第二种回答更完整更详细，你将得到较高的分数。请听到提示音之后开始回答问题。每道题请你用30秒思考，回答时间是50秒。
下面开始提问。

问题 1　请你简单谈一谈快餐的利与弊。

　　　　　　(30秒)　　提示音　　　(50秒)　　　结束。

第五部分：拓展回答(4题) 20/26

问题 2　你认为学历和能力哪个重要，为什么？

(30秒)　提示音　(50秒)　结束。

第六部分：情景应对(3题)

在这部分考试中，你将看到提示图，同时还将听到中文的情景叙述。假设你处于这种情况之下，你将如何应对。请尽量用完整的句子来回答，句子的长短和用词将影响你的分数。请听到提示音之后开始回答问题。每道题请你用30秒思考，回答时间是40秒。下面开始提问。

问题 1

你的弟弟每天不爱吃饭，就喜欢吃方便面。越来越瘦，你很担心。请你好好儿劝劝他。

(30秒)　　提示音　　　(40秒)　　　结束。

第六部分：情景应对(3题)   24/26

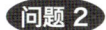

最近公司新来了一个职员，但是她还不太适应公司的工作，每天不太开心。你是他的上司，请你给他一些见解和忠告。

(30秒)　　提示音　　　(40秒)　　　结束。

第七部分：看图说话(1题)

26/26

在这部分考试中，你将看到四幅连续的图片。请你根据图片的内容讲述一个完整的故事。请认真看下列四幅图片。(30秒)

❶
❷
❸
❹

现在请根据图片的内容讲述故事，请尽量完整，详细。讲述时间是90秒。请听到提示音之后开始回答。

问题　　(30秒)　　提示音　　　(90秒)　　　结束。

실전 모의고사 4

第一部分：自我介绍(4题)　　　　　　　　　　　1-4/26

在这部分考试中，你将听到四个简单的文句。请听到提示音之后开始回答。每道题的回答时间是10秒。
下面开始提问。

问题 1　你叫什么名字？

提示音 _____(10秒)_____ 结束。

问题 2　请说出你的出生年月日。

提示音 _____(10秒)_____ 结束。

问题 3　你家有几口人？

提示音 _____(10秒)_____ 结束。

问题 4　你在什么地方工作？或者你在哪个学校上学？

提示音 _____(10秒)_____ 结束。

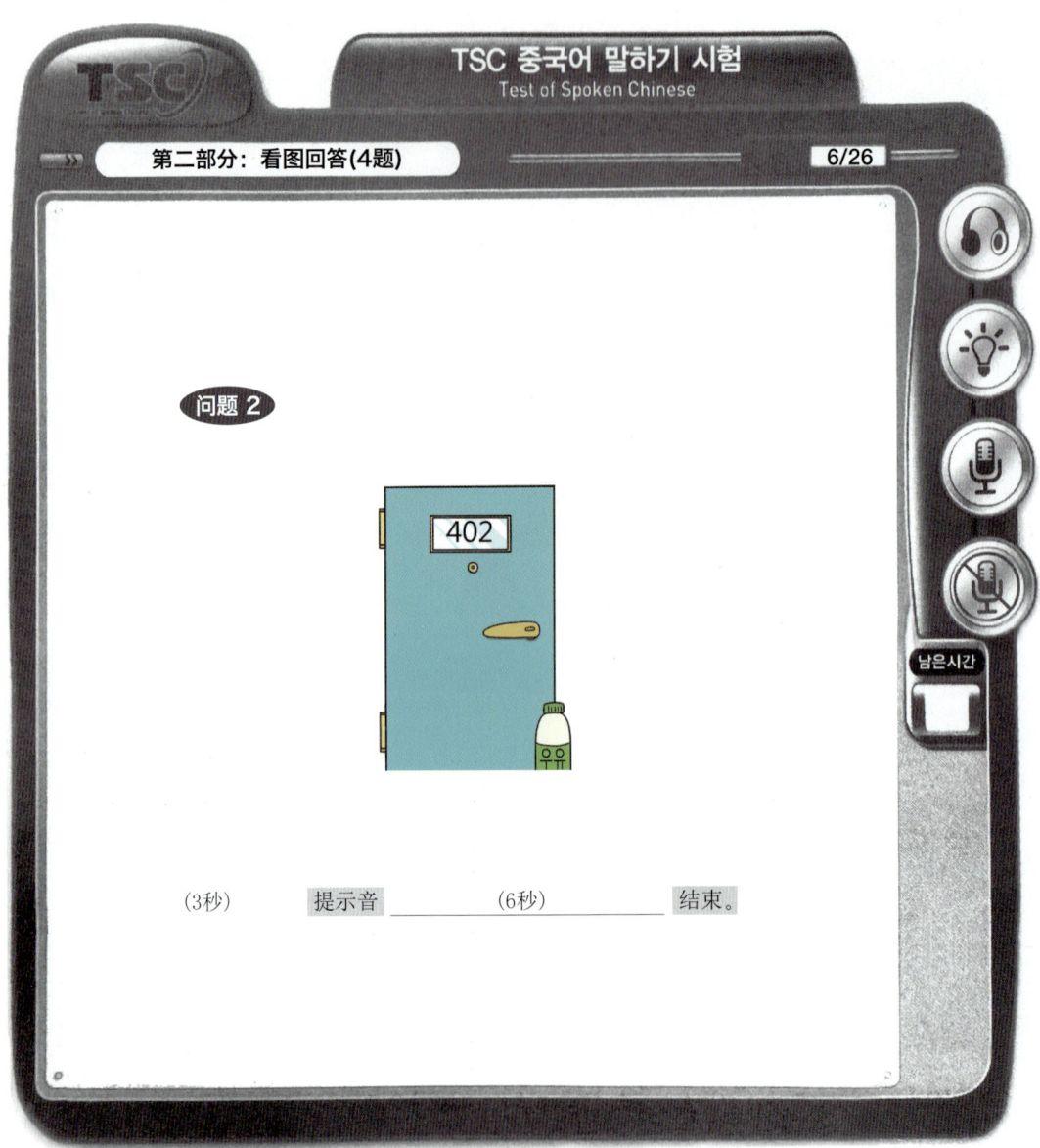

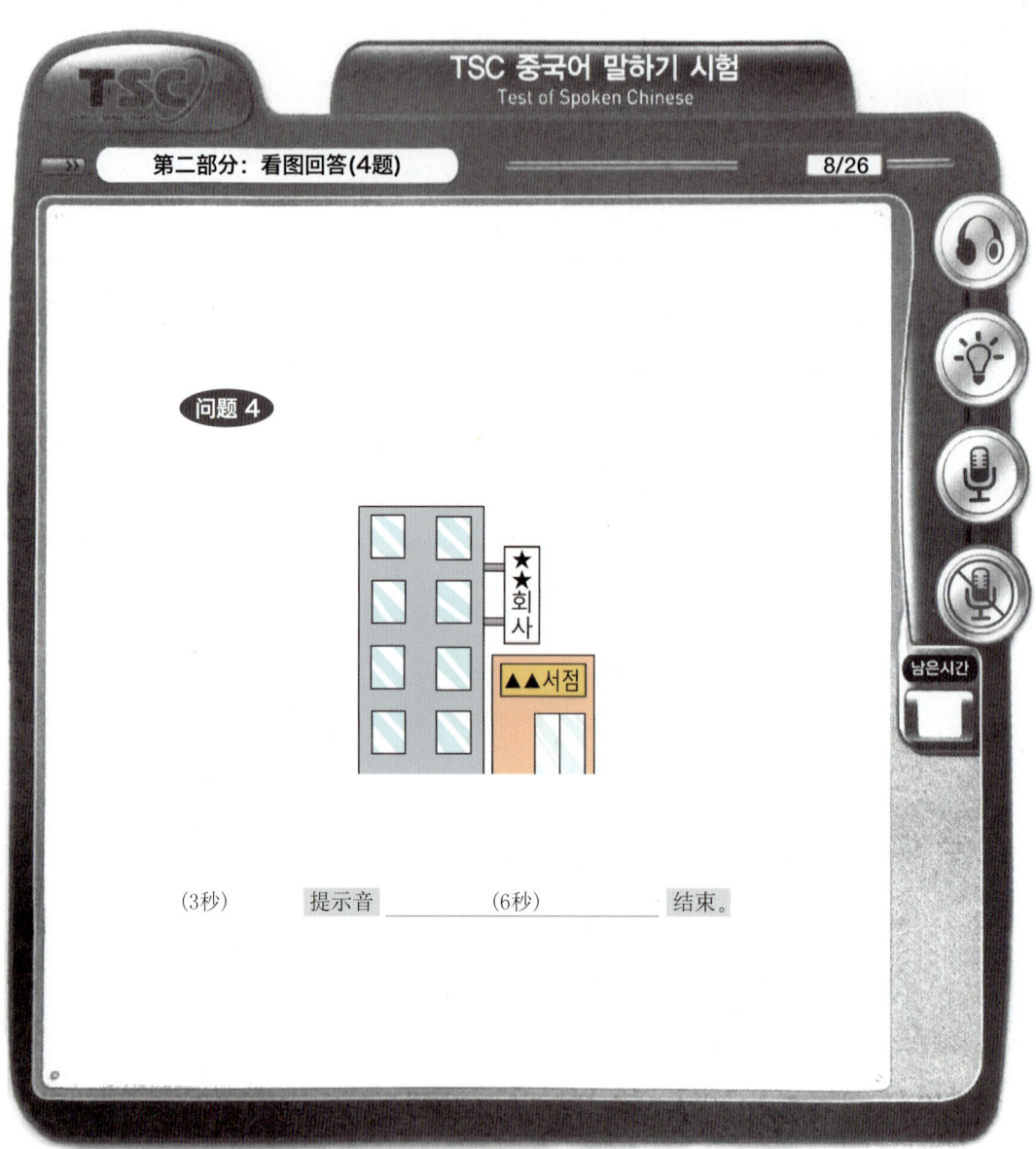

第三部分: 快速回答(5题)

在这部分考试中，你需要完成五段简单的对话。这些对话出自不同的日常生活情景，在每段对话前，你将看到提示图。请尽量用完整的句子来回答，句子的长短和用词将影响你的分数。请听例句。

问题：　老张在吗?
回答1：不在。
回答2：他现在不在, 你有什么事儿吗? 要给他留言吗?

两种回答都可以，但第二种回答更完整更详细，你将得到较高的分数。请听到提示音之后开始回答问题。每道题的回答时间是15秒。下面开始提问。

第四部分：简短回答(5题)　　　　　　　　　　14/26

在这部分考试中，你将听到五个问题。请尽量用完整的句子来回答，句子的长短和用词将影响你的分数。请听例句。

问题：　会餐时一般吃什么？
回答1：　一般吃五花肉。
回答2：　我喜欢去烤肉店吃五花肉。因为五花肉又便宜又好吃。
　　　　　一边吃五花肉，一边喝酒。
　　　　　不仅可以放松一下，而且也可以解除压力。

两种回答都可以，但第二种回答更完整更详细，你将得到较高的分数。请听到提示音之后开始回答问题。每道题请你用15秒思考，回答时间是25秒。
下面开始提问。

 如果你很忙的时候，你的朋友需要你的帮忙，
您是帮还是不帮？为什么？

(15秒)　　　提示音　　　　(25秒)　　　　结束。

第五部分：拓展回答(4题) 19/26

在这部分考试中，你将听到五个问题，请发表你的观点和看法。请尽量用完整的句子回答，句子的长短和用词将影响你的分数。请听例句。

问题： 你喜欢喝茶还是喝咖啡？
回答1： 我喜欢喝咖啡。
回答2： 我喜欢喝咖啡。我特别喜欢跟朋友见面的时候一起去喝咖啡。一边喝咖啡，一边和朋友聊天，很有意思。

两种回答都可以，但第二种回答更完整更详细，你将得到较高的分数。请听到提示音之后开始回答问题。每道题请你用30秒思考，回答时间是50秒。
下面开始提问。

问题 1 你觉得为什么一次性生活用品那么受欢迎呢？

(30秒)　　提示音　　　(50秒)　　　结束。

第五部分：拓展回答(4题)   20/26

 现代交通越来越发达，你认为这给我们的生活带来了哪些影响？

(30秒)   提示音_____(50秒)_____结束。

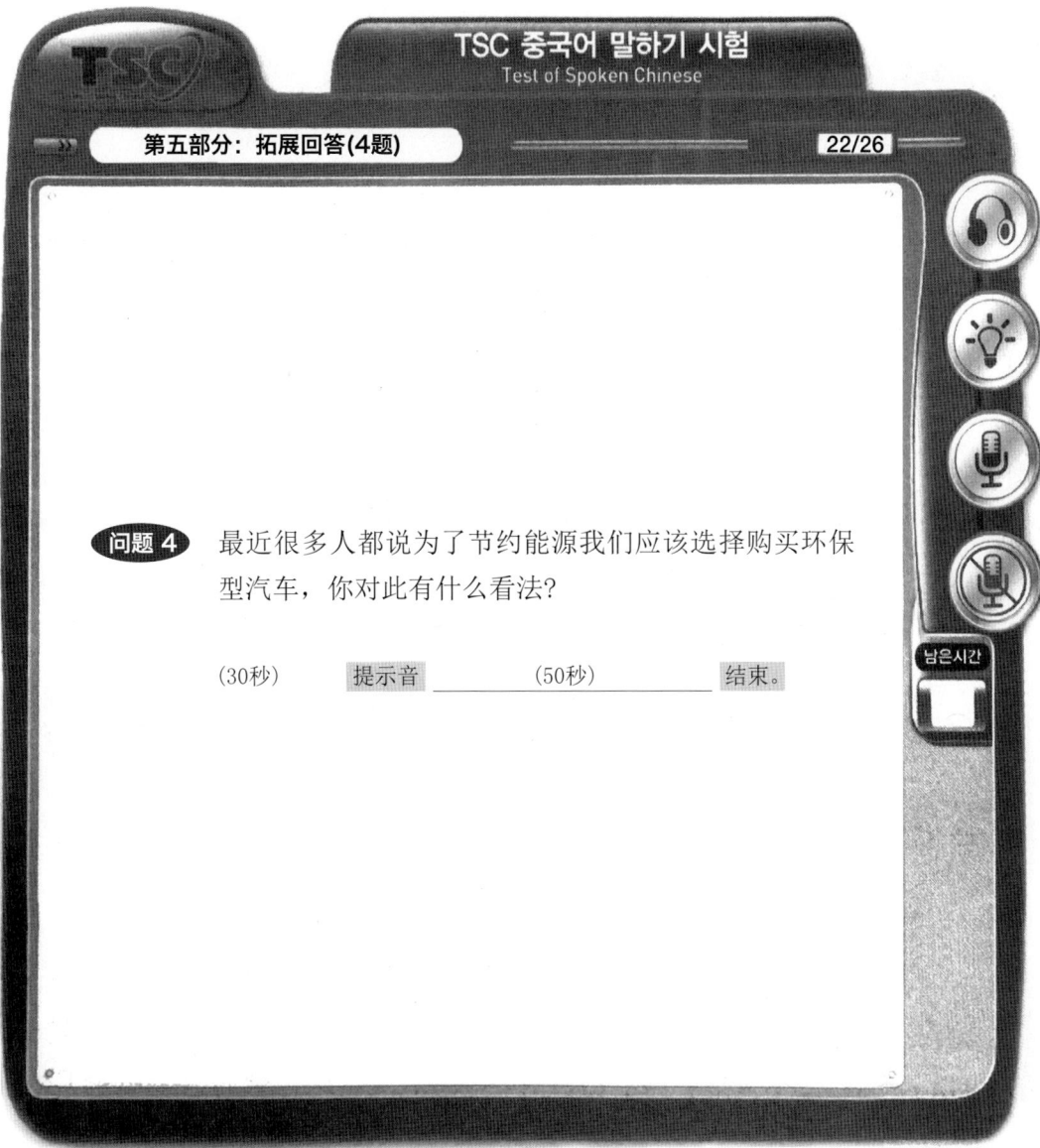

第六部分：情景应对(3题) 　　　　　　　　　　　23/26

在这部分考试中，你将看到提示图，同时还将听到中文的情景叙述。假设你处于这种情况之下，你将如何应对。请尽量用完整的句子来回答，句子的长短和用词将影响你的分数。请听到提示音之后开始回答问题。每道题请你用30秒思考，回答时间是40秒。下面开始提问。

问题 1

你已经和你的好朋友约好了一起去济州岛休假，可是突然接到了公司的紧急通知。你会怎么拒绝你的朋友。

(30秒)　　提示音＿＿＿＿＿(40秒)＿＿＿＿＿结束。

第六部分：情景应对(3题)　　24/26

问题 2

你刚买了一台新的笔记本电脑，你的朋友向你借这台笔记本电脑，请你拒绝。

(30秒)　　提示音　　(40秒)　　结束。

第七部分：看图说话(1题)   26/26

在这部分考试中，你将看到四幅连续的图片。请你根据图片的内容讲述一个完整的故事。请认真看下列四幅图片。(30秒)

现在请根据图片的内容讲述故事，请尽量完整，详细。
讲述时间是90秒。请听到提示音之后开始回答。

问题　　(30秒)　　提示音　　　(90秒)　　结束。

 # 실전 모의고사 5

第一部分：自我介绍(4题)　　　　　　　　1-4/26

在这部分考试中，你将听到四个简单的文句。请听到提示音之后开始回答。每道题的回答时间是10秒。
下面开始提问。

问题 1　你叫什么名字？

提示音 _____(10秒)_____ 结束。

问题 2　请说出你的出生年月日。

提示音 _____(10秒)_____ 结束。

问题 3　你家有几口人？

提示音 _____(10秒)_____ 结束。

问题 4　你在什么地方工作？或者你在哪个学校上学？

提示音 _____(10秒)_____ 结束。

第二部分：看图回答(4题)

在这部分考试中，你将看到提示图，请看图回答下列问题，请听到提示音之后，准确地回答出来。每道题的回答时间是6秒。
下面开始提问。

问题 1.

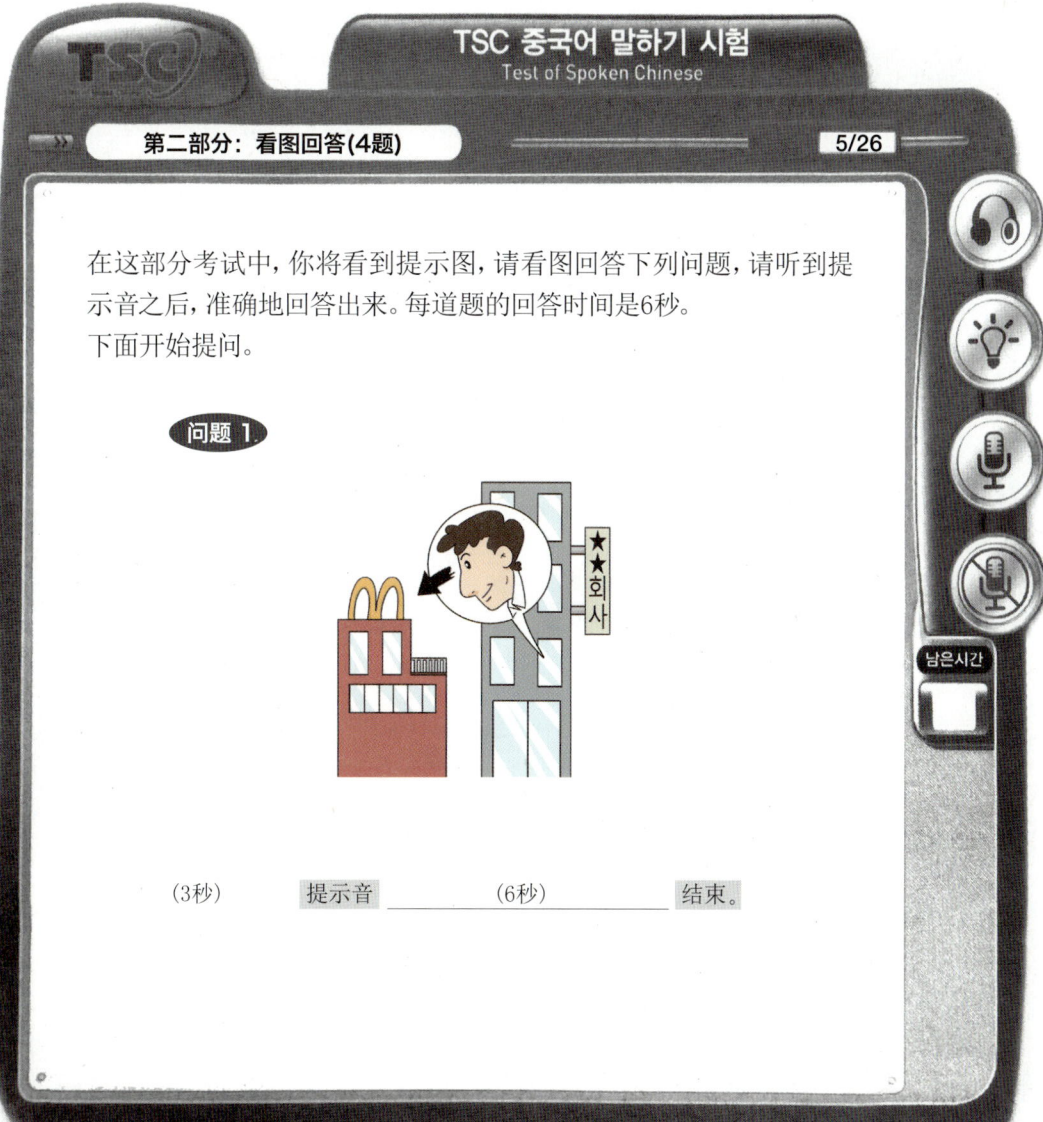

(3秒)　　提示音　　(6秒)　　结束。

第三部分：快速回答(5题)

在这部分考试中，你需要完成五段简单的对话。这些对话出自不同的日常生活情景，在每段对话前，你将看到提示图。请尽量用完整的句子来回答，句子的长短和用词将影响你的分数。请听例句。

问题： 老张在吗？
回答1： 不在。
回答2： 他现在不在，你有什么事儿吗？要给他留言吗？

两种回答都可以，但第二种回答更完整更详细，你将得到较高的分数。请听到提示音之后开始回答问题。每道题的回答时间是15秒。
下面开始提问。

第三部分：快速回答(5题) 12/26

问题 4

(2秒)　提示音_____(15秒)_____结束。

第四部分：简短回答(5题)　　　　　　　　　　　　　　　14/26

在这部分考试中，你将听到五个问题。请尽量用完整的句子来回答，句子的长短和用词将影响你的分数。请听例句。

问题：　会餐时一般吃什么?
回答1：　一般吃五花肉。
回答2：　我喜欢去烤肉店吃五花肉。因为五花肉又便宜又好吃。
　　　　　一边吃五花肉，一边喝酒。
　　　　　不仅可以放松一下，而且也可以解除压力。

两种回答都可以，但第二种回答更完整更详细，你将得到较高的分数。请听到提示音之后开始回答问题。每道题请你用15秒思考，回答时间是25秒。
下面开始提问。

 你喜欢喝中国茶吗?

（15秒）　　提示音　　　　（25秒）　　　　结束。

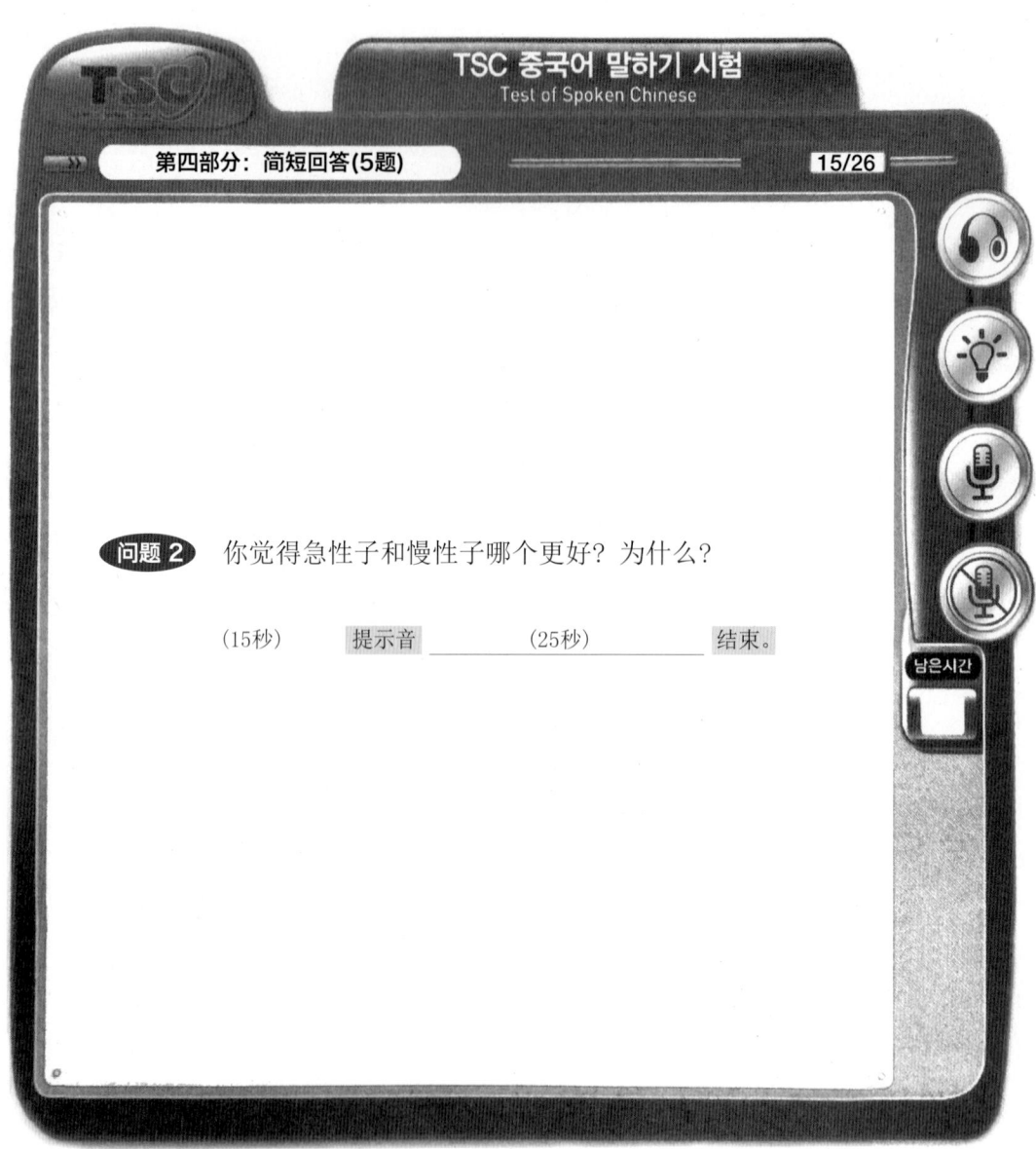

第五部分：拓展回答(4题)

19/26

在这部分考试中，你将听到五个问题，请发表你的观点和看法。请尽量用完整的句子回答，句子的长短和用词将影响你的分数。请听例句。

问题： 你喜欢喝茶还是喝咖啡？
回答1： 我喜欢喝咖啡。
回答2： 我喜欢喝咖啡。我特别喜欢跟朋友见面的时候一起去喝咖啡。一边喝咖啡，一边和朋友聊天，很有意思。

两种回答都可以，但第二种回答更完整更详细，你将得到较高的分数。请听到提示音之后开始回答问题。每道题请你用30秒思考，回答时间是50秒。
下面开始提问。

 你觉得学生应不应该有一些压力？

(30秒)　　提示音　　　　(50秒)　　　　结束。

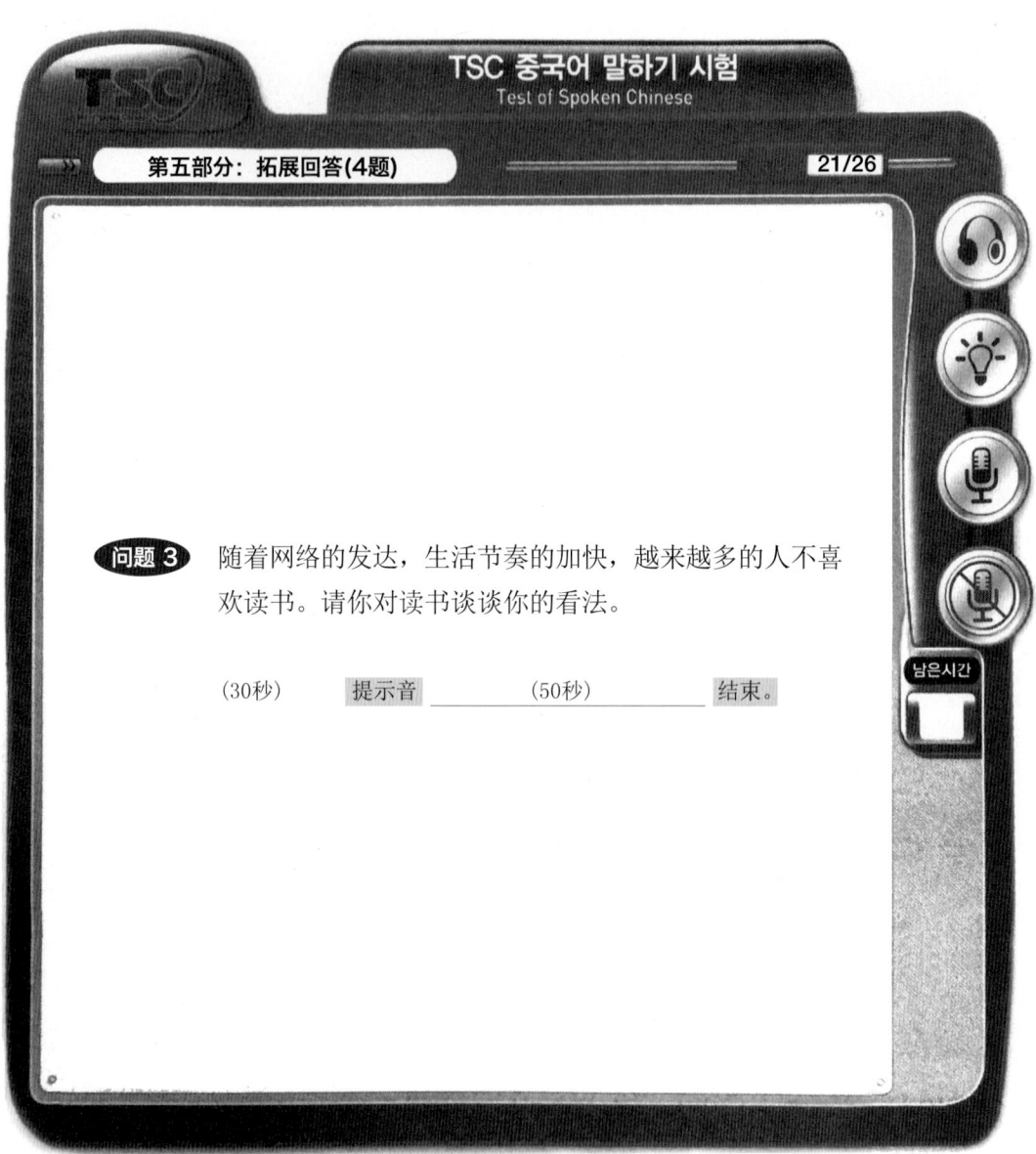

第六部分：情景应对(3题)   23/26

在这部分考试中，你将看到提示图，同时还将听到中文的情景叙述。假设你处于这种情况之下，你将如何应对。请尽量用完整的句子来回答，句子的长短和用词将影响你的分数。请听到提示音之后开始回答问题。每道题请你用30秒思考，回答时间是40秒。下面开始提问。

问题 1

你的同事这次错过了升职的机会，非常伤心。请你安慰他。

(30秒)　提示音　　　(40秒)　　　结束。

第六部分：情景应对(3题)   24/26

问题 2

最近你的男朋友工作压力很大，请你安慰他。

(30秒)   提示音_____(40秒)_____结束。

第七部分：看图说话(1题) 26/26

在这部分考试中，你将看到四幅连续的图片。请你根据图片的内容讲述一个完整的故事。请认真看下列四幅图片。(30秒)

现在请根据图片的内容讲述故事，请尽量完整，详细。
讲述时间是90秒。请听到提示音之后开始回答。

问题　　(30秒)　　提示音　　　(90秒)　　　结束。

Part 2
실전 모의고사 답안

실전 모의고사 답안

실전 모의고사 1

第二部分：看图回答

1 질문 哪种面包贵？
예시답안 小的比大的贵，可能小的更好吃。

한글해석 질문: 어느 종류의 빵이 비쌉니까?
예시답안: 작은 것이 큰 것에 비해 비쌉니다. 아마도 작은 것이 더 맛이 있을 겁니다.

단어
- 种 [zhǒng] 명 종류
- 面包 [miànbāo] 명 빵
- 贵 [guì] 형 비싸다
- 更 [gèng] 부 더
- 好吃 [hǎochī] 형 맛있다

Tip '可能'은 가정을 나타내며 '아마도'라는 뜻이다.
예 明天可能下雨。 내일은 아마도 비가 올 것이다.

2 질문 女的是韩国人吗？
예시답안 不是，女的不是韩国人，而是中国人。

한글해석 질문: 여자는 한국사람 입니까?
예시답안: 아닙니다, 여자는 한국사람이 아니라, 중국사람입니다.

단어
- 女的 [nǚde] 명 여자
- 是 [shì] 동 ~이다
- 韩国 [hánguó] 명 한국
- 中国 [zhōngguó] 명 중국
- 而 [ér] 접 긍정과 부정으로 서로 보충하는 성분을 연결시킴

Tip '不是~而是~'는 서로 대립되거나 상반된 내용을 나타낸다. 앞 문장은 부정, 뒤 문장은 긍정을 나타내 대립되는 내용 중 한 가지를 설명하기 위한 표현이다.

3 질문 她感冒了吗？
예시답안 是的，她得了重感冒，很不舒服。

한글해석 질문: 그녀는 감기에 걸렸습니까?
예시답안: 네, 그녀는 심한 감기에 걸려서, 많이 아픕니다.

단어
- 感冒 [gǎnmào] 명 감기
- 得 [dé] 동 얻다, 걸리다
- 重 [zhòng] 형 심하다
- 感觉 [gǎnjué] 동 느끼다
- 舒服 [shūfu] 형 쾌적하다, 편안하다

Tip '아프다'라는 표현은 중국어에서 '不舒服: 편하지 않다'라고 표현한다.

4 질문 周末他要做什么？
예시답안 周末他要去看电影，他正在打电话约朋友一起去看电影。

한글해석 질문: 주말에 그는 무엇을 하려고 합니까?
예시답안: 주말에 그는 영화를 보려 합니다, 그는 전화로 친구와 함께 영화보러 가자고 약속하고 있습니다.

단어
- 周末 [zhōumò] 명 주말
- 电影 [diànyǐng] 명 영화
- 电话 [diànhuà] 명 전화
- 约 [yuē] 동 약속하다
- 一起 [yìqǐ] 부 같이, 함께

Tip '要'는 문장에서 동사나 조동사로 쓰이며, 쓰임에 따라 의미가 다르다. 동사로 쓰일 때에는 '바라다, 원하다'의 뜻이며, 조동사로 쓰일 때에는 '~할 것이다, ~하려고 한다'의 의미이다.

第三部分：快速回答

1 질문 我没事吧，医生？
예시답안 没什么大问题，你只要按照处方吃药，三天后就可以痊愈了。

한글해석 질문: 저 괜찮죠, 의사 선생님?
예시답안: 큰 문제는 없습니다, 단지 처방에 따라 약을 드시면, 3일 후에는 바로 다 나을 거에요.

단어
- 医生 [yīshēng] 명 의사
- 问题 [wèntí] 명 문제
- 只要 [zhǐyào] 접 ~하기만 하면
- 处方 [chǔfāng] 명 처방전
- 痊愈 [quányù] 동 병이 낫다, 치유되다

Tip '按照'는 전치사로 '~에 따라, 근거하여'의 의미로 보통 2음절 이상의 단어와 함께 쓰인다.
예 按照一般的情况来说，他现在应该在公司。
일반적인 상황에 따르면, 그는 지금 회사에 있을 거야.

2 질문 我昨天吃了地摊上的包子，结果吃坏肚子了。
예시답안 地摊上的东西不干净，你是图了一时的方便，结果更麻烦了。

한글해석 질문: 나 어제 길거리에서 만두를 먹었더니, 배탈이 났어.
예시답안: 길거리 음식은 깨끗하지 않아. 잠깐 편하려다가 오히려 귀찮게 되었네.

단어
- 地摊 [dìtān] 명 노점
- 结果 [jiéguǒ] 명 결과
- 干净 [gānjìng] 형 깨끗하다
- 图 [tú] 동 바라다, 꾀하다

- 麻烦 [máfan] 형 귀찮다, 번거롭다

Tip | '反而'은 접속사로 실제 상황이 자신이 예상했던 상황과 상반되는 경우를 나타낼 때 쓰인다. 앞 절의 '不仅(不), 不但不(没)'와 호응하여 쓰인다.

3
질문 售货员，这双鞋多少钱？
예시답안 这双鞋不仅款式很流行，而且穿起来特别舒服，现在打折后才二百八十八元。

한글해석
질문: 저기요, 이 신발 얼마예요?
예시답안: 이 신발의 스타일이 아주 유행할 뿐만 아니라, 특히 편해요. 지금은 할인중이라 288원밖에 안 해요.

단어
- 售货员 [shòuhuòyuán] 명 판매원
- 款式 [kuǎnshì] 명 스타일
- 流行 [liúxíng] 형 유행하다
- 舒服 [shūfu] 형 편안하다
- 打折 [dǎzhé] 동 할인하다

Tip | 접속사 '不仅'은 '~뿐만 아니라'의 의미로 쓰이며 '不仅仅/不但/不光/不单'과 바꾸어 쓸 수 있다. 주로 '而且/并且/还/也'와 호응하여 쓰인다.

4
질문 小明，是我。快开门啊。
예시답안 哦，原来是小李啊，别光站在门口，快进来。

한글해석
질문: 샤오밍, 나야. 빨리 문 열어줘.
예시답안: 아, 샤오리구나, 입구에서 서 있지 말고, 빨리 들어와.

단어
- 开门 [kāimén] 동 문을 열다
- 原来 [yuánlái] 부 알고 보니
- 站 [zhàn] 동 서다
- 门口 [ménkǒu] 명 입구
- 进来 [jìnlái] 동 들어오다

Tip | 부사 '光'은 '오로지, 단지'의 의미로 쓰이며 범위부사 '就, 只, 仅, 仅仅'도 비슷한 의미로 쓰인다.
예 任务这么重，光你们两个人恐怕不行。
임무가 이렇게 막중하니, 당신 둘 만으로는 아마 안 될 것입니다.

5
질문 你怎么没跟小明一起去开会呀？
예시답안 不只我，连小李也没去。这次会议小明说他自己可以搞定。

한글해석
질문: 너 왜 샤오밍이랑 함께 회의하러 가지 않았어?
예시답안: 나뿐만 아니라, 심지어 샤오리도 가지 않았어. 이번 회의는 샤오밍이 혼자 처리할 수 있다고 했어.

단어
- 开会 [kāihuì] 동 회의를 열다
- 只 [zhǐ] 부 단지, 오직
- 会议 [huìyì] 명 회의
- 自己 [zìjǐ] 대 자신, 스스로
- 搞定 [gǎodìng] 동 처리하다, 해결하다

Tip | '连'은 개사로 '~조차도, ~마저도, ~까지도'로 해석되며 뒤에 '也(yě)', '都(dōu)' 등과 호응하여 쓰인다.

第四部分：简短回答

1
질문 你因故不能完成一项任务，你怎么向你的老板请求宽限时间？
예시답안 首先我会婉转地告诉我的老板，我最近的一些情况。让他对我的情况感同身受。过一段时间，再提出宽限时间的事。我想这样成功率比较高，至于挨不挨批评，就不一定了。

한글해석
질문: 당신은 사정이 있어서 업무를 완성할 수 없게 되었어요, 어떻게 사장님에게 기한 연장을 요청하시나요?
예시답안: 우선 저는 사장님에게 저의 요즘의 상황에 대해서 설명드릴 것입니다. 그가 나의 상황에 공감대를 느끼게 한 후에, 시간이 조금 지난 후 기한을 연장해 달라고 요청할 것입니다. 제 생각에는 이렇게 하면 성공의 확률이 높아질 것입니다, 하지만 비판을 받을지 안 받을지는, 확신할 수 없습니다.

단어
- 婉转 [wǎnzhuǎn] 형 감미롭다
- 感同身受 [gǎntóngshēnshòu] 성 직접 겪은 것과 같은 공감대를 가지고 있다
- 宽限 [kuānxiàn] 동 기한을 늦추다
- 批评 [pīpíng] 동 비판하다
- 确定 [quèdìng] 동 확정하다

Tip | 전치사 '至于'는 '~으로 말하면, ~에 관해서는'의 의미로 앞에 제시된 주제의 다른 일면에 대해서 언급하고자 할 때 쓰인다.

2
질문 你喜欢哪种类型的音乐？
예시답안 我很喜欢听流行音乐。因为流行音乐通俗易懂，旋律简单流畅，很容易记住。而且流行音乐比较接近我们的生活，表达当代人的思想和感情，所以很容易理解。总之，我喜欢流行音乐。

한글해석
질문: 당신은 어떤 음악을 좋아합니까?
예시답안: 저는 대중음악을 좋아합니다. 왜냐하면 대중음악은 이해하기 쉽고, 멜로디가 간단해서 쉽게 기억을 할 수 있습니다. 게다가 대중음악은 우리의 생활과 가장 밀집하고, 그 시대 사람들의 생각과 감정을 표현하므로, 이해하기 쉽습니다. 결론적으로 저는 대중음악을 좋아합니다.

실전 모의고사 답안

단어
- 流行 [liúxíng] 형 유행하다
- 通俗 [tōngsú] 형 통속적이다
- 旋律 [xuánlǜ] 명 리듬
- 接近 [jiējìn] 동 접근하다
- 流畅 [liúchàng] 형 유창하다

Tip '总之'는 상세히 설명한 후에 앞 문장을 개괄하거나 결론을 내릴 때 쓰인다.
예 他诚实, 善良, 和气, 总之是个大好人。
그는 성실하고, 착하고, 온화하다, 결론적으로 아주 좋은 사람이다.

3 질문 你喜欢独自旅行还是结伴旅行? 为什么?
예시답안 我喜欢结伴旅行。因为结伴旅行的话, 不管遇到什么事, 都有一个人可以商量。而且如果开车的话, 也不用一个人连续驾驶。几个人有说有笑地更热闹, 更有意思。

한글해석 질문: 당신은 혼자 여행하는 것을 좋아합니까, 아니면 함께 여행하는 것을 좋아합니까?
예시답안: 저는 함께 여행하는 것을 좋아합니다. 왜냐하면 함께 여행을 하면, 어떤 일이 있더라도, 누군가가 함께 상의할 수 있습니다. 게다가 만약에 운전을 하게 되면, 혼자 멈추지 않고 계속 운전 안 해도 되고, 또 여러 명이 웃으면서 이야기하면, 시끌벅적하고 더 재미있을 것 같습니다.

단어
- 结伴 [jiébàn] 동 함께 하다
- 不管 [bùguǎn] 접 ~에 상관없이
- 商量 [shāngliang] 동 상의하다
- 驾驶 [jiàshǐ] 동 운전하다
- 热闹 [rènao] 형 시끌벅적하다

Tip '不停'은 '멈추지 않다'라는 뜻으로 문장에서 '不停地'의 형태로 부사어로 쓰이거나, '동사+个不停'으로 쓰인다.

4 질문 你喜欢吃哪种饭菜? 介绍一下你的口味。
예시답안 我以前很喜欢在外面吃饭, 但是现在我喜欢在家里吃饭。外面的饭菜味儿太重, 油太多, 有点儿腻。我喜欢吃家里清淡的饭菜, 而且在家里吃饭又干净, 又便宜。

한글해석 질문: 당신은 어떤 요리를 좋아합니까? 당신의 입맛에 대해서 설명해 보세요.
예시답안: 저는 옛날에는 밖에서 밥을 먹는 것을 좋아했지만, 지금은 집에서 먹는 것을 좋아합니다. 밖에 음식은 맛이 강하고, 기름도 많고, 좀 느끼합니다. 저는 집의 담백한 요리가 좋습니다, 게다가 집에서 먹으면 깨끗하며, 싸기도 합니다.

단어
- 味儿 [wèir] 명 맛
- 腻 [nì] 형 느끼하다
- 清淡 [qīngdàn] 형 담백하다

- 干净 [gānjìng] 형 깨끗하다
- 便宜 [piányi] 형 싸다

Tip '有点儿', '一点儿'은 모두 '조금, 약간'의 의미로 쓰이지만, '有点儿'은 대체로 부정적인 의미로 쓰이며, '一点儿'은 대체로 긍정적인 의미로 쓰인다.

5 질문 请介绍一下你的业余爱好。
예시답안 我的业余爱好是爬山。无论春秋, 还是冬天夏天, 我都喜欢去爬山。山的四季都是不一样的。只有到了山里, 我才觉得心胸开阔, 所有的压力自然而然就没了。

한글해석 질문: 당신의 취미를 소개해 보세요.
예시답안: 저의 취미는 등산입니다. 봄, 가을이든, 아니면 겨울 여름이든, 저는 등산을 좋아합니다. 산은 사계절이 다 다릅니다. 산에 가야만 저는 마음이 열리고 넓어지는 것 같습니다. 그리고 스트레스도 자연스럽게 해소됩니다.

단어
- 业余 [yèyú] 명 업무
- 爱好 [àihào] 명 취미
- 四季 [sìjì] 명 사계절
- 心胸开阔 [xīnxiōngkāikuò] 성 도량이 넓다
- 压力 [yālì] 명 스트레스

Tip '동사1+了+就/才/再+동사2'는 한 동작이 일어난 후, 다음 동작이 일어나는 상황을 설명할 때 쓰인다. '了'대신에 결과보어(完/好)를 써도 같은 의미로 쓰인다.

第五部分：拓展回答

1 질문 城市里应不应该养宠物, 谈谈你的想法。
예시답안 我赞成城市里养宠物。现代人生活比较单调, 很多人都会感到寂寞。宠物可以陪在主人身边, 为主人排解孤独。其次, 宠物们都很聪明可爱, 可以让主人的变得快乐幸福, 为生活带来乐趣。养宠物也可以培养人们的爱心和责任心。但是在城市养宠物会对城市环境造成影响。带宠物出行时要注意禁止它们随地大小便, 努力维护我们周边的环境。只要不影响他人生活, 在城市养宠物也是可行的。

한글해석 질문: 도시에서 애완동물을 기르게 해야 합니까, 당신의 생각을 이야기해 보세요.
예시답안: 저는 도시에서 애완동물을 기르는 것에 찬성합니다. 현대인들의 생활은 비교적 단순해서 많은 사람들이 적막함을 느낄 수 있습니다. 애완동물은 주인 곁에 머물며 주인의 고독감을 해소할 수 있습니다. 그 다음으로, 애완동물은 모두 총명하고 귀여워서 주인을 즐겁고 행복하게 하고 생활의 기쁨을 가져다 줍니다. 애완동물을 기르면서 사람들은 사랑하는 마음과 책임감을 키울 수 있습니다. 그러나 도시에서 애완동물

을 기르는 것은 도시환경에 안 좋은 영향을 초래할 수 있습니다. 애완동물을 데리고 밖에 나갈 때는 아무데서나 대소변을 하지 않도록 주의해야 하며 우리 주변 환경을 보호하도록 노력해야 합니다. 다른 사람의 삶에 영향을 끼치지 않는다면 도시에서 애완동물을 기르는 것은 가능합니다.

단어
- 宠物 [chǒngwù] 명 애완동물
- 排解 [páijiě] 동 화해시키다
- 造成 [zàochéng] 동 조성하다
- 注意 [zhùyì] 명 주의
- 维护 [wéihù] 동 지키다

Tip '给~带来~'는 '~에게 ~을 가져다 준다'라는 뜻이다. 고정 용법으로서 자주 같이 쓰인다.
예 生活给我们带来了很多快乐。
삶은 우리에게 많은 즐거움을 가져다 주었다.
工作给我带来了成就感。
일은 저에게 성취감을 가져다 주었다.

2 질문 很多人都到韩国来做整容手术, 你对整容手术有什么看法?

예시답안 韩国社会是一个很注重外貌的社会, 特别是在找工作时, 外貌起着非常大的作用。所以, 很多年轻人开始做整容手术, 让自己能变得更漂亮一些。我们身边也有因为外貌缺陷而对生活消极悲观, 失去信心的人。我觉得对于这些人来说, 整容给了他们找回自信的方法, 更加积极的面对生活。只要自己可以承受整容的风险和副作用, 我觉得是可以做的。总的来说, 我还是赞成整容手术的。

한글해석 질문: 현재 많은 사람들이 한국에 와서 성형수술을 합니다. 당신은 성형수술에 대해 어떻게 생각합니까?
예시답안: 한국사회는 외모를 아주 중요시하는 사회입니다. 특히 취직할 때 외모는 아주 큰 역할을 하고 있습니다. 그래서 많은 젊은이들이 성형하기 시작했고 자신을 좀 더 예뻐지도록 하려고 합니다. 우리 주변에도 외모의 결함 때문에 생활에 대해 부정적이고 비관적이며 자신감을 잃은 사람이 있습니다. 저는 성형수술은 이런 사람들에게 다시 자신감을 찾아주는 방법을 제공하였다고 생각이 되고 더욱 더 적극적으로 생활할 수 있게 기회를 주었다고 생각합니다. 다만 자기 자신이 성형이 가져다 준 위험성과 부작용을 책임질 수 있다면 저는 성형을 해도 괜찮다고 생각합니다. 총체적으로 말하자면, 저는 성형수술을 찬성합니다.

단어
- 整容 [zhěngróng] 동 성형하다
- 外貌 [wàimào] 명 외모
- 缺陷 [quēxiàn] 명 결함
- 消极 [xiāojí] 부정적이다
- 悲观 [bēiguān] 비관적이다

Tip '总的来说'는 '전반적으로 말해서, 총체적으로 말하자면'라는 뜻으로 문장의 마지막에 쓰여 어떠한 결론을 이야기한다.
예 总的来说, 公司现在的经营状况是好的。
전반적으로 말해서 회사의 현재 경영 상태는 좋은 편이다
总的来说, 我感到失望。
전반적으로 나는 실망했다

3 질문 最近成人病发病率很高, 肥胖的人也越来越多, 请你说说现代人越来越胖的原因。

예시답안 随着我们生活水平的提高, 饮食越来越好, 运动的时间却越来越少, 因此导致了最近肥胖的人越来越多。同时, 很多成年人没有形成良好的饮食习惯, 一日三餐也不注意控制食量, 每天摄取的营养过剩。而且随着生活节奏的加快, 人们的心里压力越来越大, 情绪不稳定也会造成暴饮暴食。另外, 很多人为了图方便经常吃一些快餐和垃圾食品。这些都是导致人们肥胖的原因。所以, 要注意控制食量, 通过多吃瓜果蔬菜, 多喝水, 多运动, 使自己变得更加健康美丽。

한글해석 질문: 최근 성인병 발병률이 아주 높습니다. 비만인 사람도 날이 갈수록 많아지고 있습니다. 비만이 점점 많아지고 있는 원인에 대해서 말해보세요.
예시답안: 생활 수준이 높아짐에 따라 먹는 것이 점점 좋아지고 운동하는 시간은 오히려 점점 줄어들고 있어서 비만한 사람들이 많아지고 있습니다. 뿐만 아니라, 많은 성인들은 음식습관이 좋지 않으며, 하루 세 끼 음식 양을 조절하지 않고 매일 영양물질을 과다하게 섭취합니다. 게다가 생활의 리듬이 점점 빨라지고 사람들이 스트레스를 많이 받게 되어 심리적인 불안정으로 폭음 폭식하게 됩니다. 그 밖에도, 사람들은 편리를 위하여 패스트푸드와 정크푸드를 많이 먹습니다. 이 모든 것은 모두 사람을 비만으로 만드는 원인입니다. 그래서, 음식 양을 통제해야 하고 야채, 과일 등을 많이 먹고, 물을 마시고, 운동을 많이 하여 자신을 건강하고 아름답게 만들어야 합니다.

단어
- 肥胖 [féipàng] 형 뚱뚱하다
- 控制 [kòngzhì] 동 통제하다
- 摄取 [shèqǔ] 동 섭취하다
- 情绪 [qíngxù] 명 정서
- 暴饮暴食 [bàoyǐnbàoshí] 성 폭음 폭식하다

Tip '通过'는 '~통하여'라는 뜻으로 동작 행위의 매개와 수단을 이끌며, 이 수단을 이용하여 어떠한 목적 혹은 결과를 이끌어낸다.
예 通过一年的学习, 我已经能用汉语跟中国人对话了。
일년의 학습을 통해, 나는 이미 중국인과 중국어를 사용할 수 있게 되었다.
通过朋友的介绍, 我找到了一份满意的工作。
친구의 소개를 통해 나는 마음에 드는 일을 찾았다.

실전 모의고사 답안

4
질문: 你觉得结婚后家务应该由谁来做, 为什么?

예시답안: 我觉得婚后应该根据家庭的实际情况去分配家务。传统的观念是女人洗衣做饭、带孩子; 男人在外边专心工作, 打拼。但是我觉得随着时代的变化, 男女在社会上平等了, 所以家务也可以分工合作。比如像做饭, 可以是下班后谁先到家谁做饭, 不用有任何固定观念。打扫卫生也是一样, 可以大家合理分配一下工作, 做得又快又干净。重活由丈夫干, 琐碎细致的活由妻子干。这样就可以过上幸福美好的婚姻生活。

한글해석
질문: 당신이 생각하기에 결혼 후 집안일은 누가 해야 하나요? 왜 그렇게 해야 하나요?

예시답안: 제가 생각하기로는 결혼 후 집안의 실제상황에 따라 집안일을 배치해야 합니다. 전통적인 관념은 여자가 빨래 하고, 밥 하고, 양육을 담당하고, 남자는 밖에서 일을 열심히 하는 것입니다. 하지만 저는 시대의 변화에 따라 남자와 여자는 평등하게 되었고, 그래서 집안일도 나눠서 협력해서 할 수 있다고 생각합니다. 예를 들어 요리의 경우, 퇴근 후 누가 먼저 집에 오면 누구나 할 수 있습니다, 그 어떠한 고정관념을 가질 필요가 없습니다. 청소도 마찬가지입니다. 둘이 합리적으로 나누어서 빠르고 깨끗하게 할 수 있습니다. 힘 쓸 일은 남편이 하고 자질구레한 일은 아내가 하면 됩니다. 이렇게 하면 행복하고 아름다운 결혼 생활을 보낼 수 있습니다.

단어
- 分配 [fēnpèi] 통 배치하다
- 观念 [guānniàn] 명 관념
- 打拼 [dǎpīn] 통 필사적으로 싸우다
- 合作 [hézuò] 통 협력하다
- 琐碎 [suǒsuì] 형 자질구레하고 번거롭다

Tip '由'는 전치사로써 '~로/으로'라는 뜻이다. 많이는 행위자를 표시한다.
예) 这项工作主要由他具体负责。
이 일은 주로 그가 구체적인 책임을 진다.

第六部分: 情景应对

1
질문: 你的妹妹马上就要毕业了。你作为一个先参加工作的过来人, 请你给她一些忠告。

예시답안: 我认为找工作的时候, 找一个你感兴趣而且喜欢的工作很重要。如果你不喜欢, 那么很难坚持下去, 也很难成功。其次, 第一次参加工作, 先别急着赚很多钱, 应该多学一点儿知识和经验, 知识和经验都学到了, 那么自然就可以赚到钱了。第三, 在我看来, 机遇和实力一样重要。如果出现了好的机会, 你一定要牢牢地抓住, 千万不要错过了以后再后悔。最后, 人际关系也非常重要, 为人处事要注意每一个细节, 办事做人都要灵活。祝你能找到一份满意的工作。

한글해석
질문: 당신의 여동생은 곧 졸업합니다. 당신은 먼저 취직한 선배로써 그에게 충고를 해주세요.

예시답안: 내가 생각하기로는 취직을 할 때 당신이 흥미가 있고 좋아하는 일을 찾는 것이 가장 중요해. 만약 네가 좋아하지 않는다면 꾸준히 하기가 힘들고 성공하기 힘들어. 둘째, 처음 일을 할 때 먼저 돈을 버는 것에 급급하지 말고 먼저 지식과 경험을 많이 배우고 지식과 경험을 배우고 나면 돈은 자연스럽게 벌게 돼. 셋째, 내가 보기에는 기회와 실력은 똑같이 중요해. 만약 좋은 기회가 나타났다면 반드시 잡아야 해. 부디 놓치고 나서 후회하지 않도록 해. 마지막으로 인간관계는 아주 중요해. 따라서, 처사할 때 세부적인 하나하나에 모두 신경을 쓰고 일처리가 원활해야 해. 네가 만족스러운 일자리를 찾기 바래.

단어
- 忠告 [zhōnggào] 통 충고하다
- 坚持 [jiānchí] 통 견지하다
- 机遇 [jīyù] 명 기회
- 后悔 [hòuhuǐ] 명 후회
- 灵活 [línghuó] 형 원활하다

Tip '千万' 부사로써 '부디, 제발'라는 뜻이다. 뒤에는 부정형태 '不要/别'와 어울러서 활용된다.
예) 你千万别跟他说这件事, 我不想告诉他。
너는 제발 그한테 이 일을 말하지 마. 나는 그한테 알려주고 싶지 않아.
你千万不要一个人旅行, 很危险的。
너는 제발 혼자 여행가지 마. 아주 위험해.

2
질문: 你结婚三年了, 你的丈夫每天都很晚回家。请你跟你丈夫谈谈, 给他一些劝告。

예시답안: 小明, 一转眼我们结婚都三年了。但是你每天回家的时间都太晚了, 我一个人在家很害怕, 也很担心你的安全。我认为这样的生活习惯非常不好, 应该改正过来。我知道你每天工作很忙, 也非常累, 为了我们这个家你每天都很辛苦, 但是你也要为我想一想。这种情况长期持续的话, 不利于我们家庭的和睦。而且, 经常和同事出去喝酒对健康也不好。以后你还是早点儿回家吧! 我们全家人一起吃晚饭, 多幸福啊!

한글해석
질문: 당신은 결혼한지 3년이 되었습니다. 당신의 남편은 매일 늦게 집에 돌아옵니다. 당신이 남편과 이야기를 하고 그에게 충고를 해보세요.

예시답안: 샤오밍, 어느덧 우리 결혼한지도 3년이 되었네요. 하지만 당신이 매일 집에 너무 늦게 들어와요. 나 혼자서 집에 있으면 두렵기도 하고 당신의 안전이 걱정되기도 해요. 나는 이런 생활습관이 아주 나쁘다고 생각이 되고 우리는 이것을 바로 잡아야 한다고 생각해요. 나는 당신이 매일 일이 아주 바쁘고 힘들다는 것을 알고 있어요. 우리 가정을 위하여 고생이 많아요. 하지만 당신은 저를 위해서도 생각을 좀 해 주세요. 이런 상황이 장기간 동안 유지가 되면 우리 가

정이 화목하지 않을 것 같아요. . 게다가, 늘 항상 동료랑 같이 술 먹는 것도 건강에 안 좋아요. 다음부터는 일찍 집에 들어 오세요. 우리 가족이 같이 저녁 먹으면 얼마나 행복해요!.

단어
- 害怕 [hàipà] 동 무섭다
- 担心 [dānxīn] 동 걱정하다
- 安全 [ānquán] 형 안전하다
- 改正 [gǎizhèng] 동 고치다
- 和睦 [hémù] 형 화목하다

Tip '为了'는 전치사이고 '~하기 위하여'라는 뜻으로써 목적을 나타낸다.
예 为了你的健康, 请你不要再抽烟了。
당신의 건강을 위하여 더 이상 담배 피우지 마세요.
我做的之一切都是为了你好。
내가 만든 이 모든 것은 당신을 위한 것입니다.

3 질문 你的室友不喜欢打扫房间, 每天都把屋子弄得很乱。请你给她一些忠告。

예시답안 小丽, 我们一起住在这个宿舍都已经好几年了, 这是我们共同居住的地方, 也是我们共同的家。我不想我们的家变得像垃圾堆一样。我们都是家里的成员, 有责任也有义务去保持这个家的环境卫生。俗话说得好"一屋不扫何以扫天下"。如果你继续这样下去, 我会搬出去的。我不愿意跟一个没有责任感的人住在一起。

한글해석 질문: 당신의 룸메이트는 방 청소하는 것을 즐기지 않습니다, 매일 집안을 어지럽힙니다. 당신이 그녀에게 충고를 해보세요.
예시답안: 샤오리, 우리가 같이 이 기숙사에 생활한지도 이미 몇 년이 되었네, 이곳은 우리가 같이 사는 공간이고 또한 우리가 같이 쓰는 공간이야. 나는 우리 집이 쓰레기장처럼 변하는 것을 원하지 않아. 우리는 모두 집의 한 성원이고, 집의 환경위생을 지키는 책임과 의무가 있어. 속담에도 이런 말이 있어. '자기의 방도 청소하지 않으면 어떻게 천하를 다스리겠는가' 만약 네가 계속 이렇게 한다면 나는 이사할 거야. 나는 책임감이 없는 사람과 같이 살 수 없어.

단어
- 宿舍 [sùshè] 명 기숙사
- 居住 [jūzhù] 동 거주하다
- 垃圾 [lājī] 명 쓰레기
- 保持 [bǎochí] 동 유지하다
- 继续 [jìxù] 동 계속하다

Tip '像~一样'는 비유를 나타낸다. '마치 ~와 같다', '처럼'이라는 뜻이다.
예 今天的天气像冬天一样。
오늘의 날씨는 겨울과 같다.
我的女朋友长得像明星一样。
나의 여자친구는 스타처럼 생겼다.

第七部分: 看图说话

예시답안
① 小丽每天坐公交车上下班。每天上下班高峰期时公交车上人山人海, 车内就像桑拿浴一样闷热。
② 今天小丽也像往常一样坐公交车上下班。正准备下车的时候突然发现自己的钱包不见了。
③ 凑巧的是, 这时候一位男子正在她的后面往衣兜里装什么东西。小丽怀疑是这个男子偷了他的钱包。
④ 小丽要求男子打开他的衣兜给她看看里面有什么。但是看完以后发现根本没有自己的钱包。小丽觉得自己错怪了男子, 所以感到万分羞愧。

한글해석
① 샤오리는 매일 버스 타고 출퇴근을 한다. 매일 출퇴근 시간에는 버스에 사람이 가득하여 차 안은 찜질방같다.
② 오늘도 샤오리는 평소와 같이 버스를 타고 출근하였다. 하지만 막 버스에서 내릴 준비를 할 때 자신의 지갑이 없어졌다는 것을 발견하였다.
③ 때마침 이 때, 한 남자가 그녀의 뒤에서 옷 주머니에 무언가를 넣고 있었다. 샤오리는 이 남자가 자신의 지갑을 훔쳤다고 의심하였다.
④ 샤오리는 남자에게 옷 주머니 안의 물건을 확인하자고 요구하였다. 하지만 안에는 자신의 지갑이 없었다. 샤오리는 자신이 남자를 오해한 것이 부끄러웠다.

단어
- 高峰期 [gāofēngqī] 명 러시 아워
- 桑拿浴 [sāngnáyù] 명 사우나
- 闷热 [mēnrè] 형 무덥다
- 凑巧 [còuqiǎo] 부 공교롭게
- 错怪 [cuòguài] 동 오해하여 남을 원망하다

Tip '人山人海'는 성어로 '인산인해'라는 뜻으로 모인 사람이 매우 많음을 나타낸다.
예 假期的时候, 火车站里总是人山人海的。
휴가 때, 기차역 안은 늘 인산인해입니다.

실전 모의고사 2

第二部分: 看图回答

1 질문 他几点到公司的?
예시답안 他是差五分九点到公司的, 他差点儿迟到。

한글해석 질문: 그는 몇 시에 회사에 도착했습니까?
예시답안: 그는 9시 5분전에 회사에 도착했고, 그는 하마터면 지각할 뻔 했어요.

단어
- 到 [dào] 동 도달하다
- 公司 [gōngsī] 명 회사
- 差 [chà] 동 부족하다, 모자라다
- 差点儿 [chàdiǎnr] 부 하마터면~
- 迟到 [chídào] 동 지각하다

실전 모의고사 답안

Tip '是~的'는 이미 발생한 동작의 지점, 목적, 방식, 행위자 등을 강조하여, 말하고자 할 때 사용된다. 강조하고자 하는 부분을 '是' 바로 뒤에 쓴다.

2 질문: 他吃饱了吗?
예시답안: 他吃得很饱, 再也吃不了了。

한글해석:
질문: 그는 배부르게 먹었습니까?
예시답안: 그는 아주 배부르게 먹었고, 더 이상 먹을 수 없습니다.

단어:
- 饱 [bǎo] 형 배부르다
- 再 [zài] 부 재차, 또
- 得 [de] 부 동사와 보어 사이에 쓰여 가능을 나타냄
- 吃 [chī] 동 먹다
- 也 [yě] 부 ~도

Tip 동작의 실현 가능성 여부는 '동사+得/不+결과/방향보어'의 형태로 나타낸다. 또는 '동사+得了' 혹은 '동사+不了' 형태로 나타낼 수 있다.

3 질문: 银行几点开门?
예시답안: 银行平时早上九点开门, 但是周末不开门。

한글해석:
질문: 은행은 몇 시에 문을 엽니까?
예시답안: 은행은 평소에 아침 9시에 문을 엽니다, 하지만 주말에는 문을 열지 않습니다.

단어:
- 银行 [yínháng] 명 은행
- 平时 [píngshí] 명 평소, 평상시
- 开门 [kāimén] 동 문을 열다
- 但是 [dànshì] 접 그러나
- 周末 [zhōumò] 명 주말

Tip 전환관계를 나타내는 접속사는 '但是', '不过', '可是'가 있으며 '하지만, 그러나~'라는 뜻으로 앞 절의 반대 뜻을 나타낸다.

4 질문: 她怎么了?
예시답안: 她的体温是三十八度, 好像发烧了。

한글해석:
질문: 그녀는 무슨 일이 있습니까?
예시답안: 그녀의 체온은 38도 입니다, 열이 나는 것 같습니다.

단어:
- 体温 [tǐwēn] 명 체온
- 度 [dù] 양 도
- 好像 [hǎoxiàng] 부 마치 ~인 것 같다
- 发 [fā] 동 발생하다, 생기다
- 烧 [shāo] 명 열

Tip '好像~'은 부사로 '마치 ~인 것 같다'라는 뜻으로 추측을 나타낸다. 예 你好像走错路了。 길을 잘못 들어간 것 같다.

第三部分: 快速回答

1 질문: 最近什么电视剧好看啊?
예시답안: 最近"来自星星的你"很红, 尤其是金秀贤特别受女孩子欢迎, 我也觉得他很帅。

한글해석:
질문: 요즘 무슨 드라마가 재미있니?
예시답안: 요즘 '별에서 온 그대'가 인기가 있어, 특히 김수현은 여자들에게 인기가 많아, 나도 그가 아주 멋있다고 생각해.

단어:
- 电视剧 [diànshìjù] 명 드라마
- 红 [hóng] 형 인기가 있다
- 尤其 [yóuqí] 부 특히, 더욱이
- 特别 [tèbié] 부 특별히
- 帅 [shuài] 형 멋있다

Tip '受+대상+欢迎'은 '그 대상에게 환영을 받는다'는 의미로 '인기가 있다'라는 의미이다.
예 这个产品很受年轻人欢迎。
이 제품은 젊은이들에게 인기가 있다.

2 질문: 我家房租又涨了, 可能得搬家。
예시답안: 最近房价一直在涨, 要找合适的房子可能不太容易, 你要提前做好准备啊。

한글해석:
질문: 우리 집 임대료가 또 올랐어, 아마도 이사해야 할 것 같아.
예시답안: 요즘 집값이 계속 올라서, 적합한 집을 찾기 쉽지 않을 거야, 너 미리 준비하는 것이 좋아.

단어:
- 房租 [fángzū] 명 집세, 임대료
- 涨 [zhǎng] 동 오르다
- 搬家 [bānjiā] 동 이사하다
- 合适 [héshì] 형 적당하다
- 提前 [tíqián] 동 앞당기다

Tip 형용사 '好'가 일부 동사 앞에 쓰일 때는 '~하기가 쉽다'는 의미로 쓰인다. 일부 동사 앞에 쓰여 효과가 좋음을 나타내기도 한다.

3 질문: 这台电脑真不错。
예시답안: 是呀, 性能不错, 价格也适中。我就买这台了!

한글해석:
질문: 이 컴퓨터 진짜 괜찮다.
예시답안: 맞아, 성능도 좋고, 가격도 적당해. 나 이것으로 살래.

단어:
- 台 [tái] 양 (기계를 세는) 양사
- 电脑 [diànnǎo] 명 컴퓨터
- 性能 [xìngnéng] 명 성능
- 价格 [jiàgé] 명 가격
- 适中 [shìzhōng] 형 적당하다

Tip | '既~又~'는 병렬관계를 나타내며, 동시에 두 가지 성질이나 상황을 지니고 있음을 나타낸다. 이때, 앞 절과 뒤 절의 구조는 같아야 한다.

4
질문 听说你要结婚了，真是恭喜恭喜!
예시답안 马上要结婚了，我却开心不起来，因为房子还没有着落呢。

한글해석
질문: 듣자 하니 너 결혼한다며? 진짜 축하해.
예시답안: 곧 결혼하는데, 난 오히려 즐겁지 않아, 왜냐하면 집이 아직 정해지지 않았어.

단어
- 听说 [tīngshuō] 동 듣자 하니
- 结婚 [jiéhūn] 동 결혼하다
- 恭喜 [gōngxǐ] 동 축하하다
- 开心 [kāixīn] 형 기쁘다
- 着落 [zhuóluò] 명 의지할 곳, 행방

Tip | 부사 '却'는 전환을 나타내는 부사로 뒤 절 술어 앞에 쓰인다. 뒤 절의 문미에는 '可是/但是/不过' 등 전환관계 접속사와 호응하는 경우가 많다.

5
질문 这个周末你还得上班吗?
예시답안 是啊，有一份计划书周一要交，我只好周末也去上班了。

한글해석
질문: 이번 주말에 너 여전히 출근하니?
예시답안: 맞아, 제안서를 월요일에 제출해야 해서, 어쩔 수 없이 주말에도 출근을 해야 해.

단어
- 周末 [zhōumò] 명 주말
- 上班 [shàngbān] 동 출근하다
- 份 [fèn] 양 부, 통
- 计划书 [jìhuàshū] 명 제안서
- 交 [jiāo] 동 제출하다, 건네다

Tip | '只好'는 부사로 '하는 수 없이'를 나타낸다. 비슷한 의미로는 '不得不, 只能' 등이 있다.
예) 我不小心丢了身份证，只好补办一个。
내가 조심하지 않아 신분증을 잃어버려서, 어쩔 수 없이 다시 만들어야 해.

第四部分：简短回答

1
질문 有的时候，比起说实话善意的谎言也是需要的。如果你和你的爱人遇到这样的情况，你会怎么做?
예시답안 我觉得不应该对爱人撒谎。因为无论什么事，能与你一起面对的只有你的爱人。如果你对他(她)有所隐瞒，那么他(她)会以为自己不值得被信任或依靠。

한글해석
질문: 때로는 솔직한 것보다 거짓말을 하는 것이 좋은 경우가 있습니다. 만약 당신이 이러한 상황이라면 어떻게 하시겠습니까?

예시답안: 저는 부인이나 남편에게 거짓말을 하면 안 된다고 생각합니다. 왜냐하면 어떤 일이 있더라도, 당신과 함께 감당할 수 있는 사람은 단지 당신의 부인 혹은 남편뿐입니다. 만약에 당신이 그 혹은 그녀에게 숨기는 것이 있으면, 상대방은 자신이 의존할 가치가 없는 존재라고 생각할 것입니다.

단어
- 撒谎 [sāhuǎng] 동 거짓말을 하다
- 无论 [wúlùn] 접 ~을 막론하다
- 承担 [chéngdān] 동 감당하다
- 隐瞒 [yǐnmán] 동 숨기다
- 依靠 [yīkào] 동 의존하다

Tip | '以为'는 '~인 줄 알았다'라는 의미로 사실은 그렇지 않다는 의미를 나타낸다. 비슷한 의미로 쓰인 '认为'는 '~라고 여기다'로 부정적인 의미를 나타내지 않는다.

2
질문 你相信补药吗? 为什么?
예시답안 现代人为了更好的生活，没病也吃药。这个药就是人们说的补药，不治什么病，但是也可以说什么病都治。所以适当的吃一些补药，对身体还是有好处的。

한글해석
질문: 당신은 보약의 효능을 믿습니까? 그 이유는 무엇입니까?
예시답안: 현대인들은 더 좋은 생활을 위해서 병이 없어도 약을 먹습니다. 이 약이 바로 사람들이 말하는 보약입니다. 무슨 병을 치료한다고 할 수 없지만, 어떠한 병도 다 치료한다고도 할 수 있습니다. 그래서 적당하게 보약을 먹는 것은 몸에 좋다고 생각합니다.

단어
- 补药 [bǔyào] 명 보약
- 为了 [wèile] 개 ~을 하기 위해서
- 治病 [zhìbìng] 동 질병을 치료하다
- 适当 [shìdàng] 형 적절하다
- 好处 [hǎochu] 명 장점

Tip | '对~好'는 '~에게 잘한다, ~에 좋다'라는 의미로 쓰인다.
예) 他对我很好。그는 나에게 잘한다.
这个药对身体好。이 약은 몸에 좋다.

3
질문 你的理想职业是什么?
예시답안 首先，我希望可以在能接触到很多外国人的公司工作。其次，我希望加班不要太多。还有，希望公司能有食堂。总体来说，我的理想职业是欧美国家那样的外国企业。

한글해석
질문: 당신의 이상적인 직업을 무엇입니까?
예시답안: 우선, 저는 많은 외국인을 접촉할 수 있는 회사에서 일을 하고 싶습니다. 그 다음에, 너무 많은 초과근무가 없었으면 좋겠어요. 또 회사에 구내식당이 있었으면 좋겠어요. 총체적으로 얘기하자면, 저의 이상적인 직장은 유럽, 미국 같은 외국기업입니다.

실전 모의고사 답안

단어
- 希望 [xīwàng] 동 희망하다
- 其次 [qící] 대 그 다음
- 接触 [jiēchù] 동 접촉하다
- 加班 [jiābān] 동 초과 근무하다
- 食堂 [shítáng] 명 구내식당

Tip '总体来说'는 앞에서 말한 내용을 요약하여 말하거나 포괄적인 관점에서 말할 때 쓰인다.
예) 总体来说, 什么牌子的笔记本电脑更好呢?
전체적으로 보면, 어떤 브랜드의 노트북이 더 좋아요?

4
질문: 你觉得事业和爱情相比, 哪个更重要。为什么?
예시답안: 我觉得爱情比事业更重要。因为人是有感情的, 如果没有爱的话, 即使事业再成功, 他也不会幸福。事业靠自己的努力可以成功, 但是爱要靠两个人的努力。

한글해석:
질문: 당신은 사업과 사랑을 비교했을 때, 어떤 것이 더 중요하다고 생각합니까? 그 이유는 무엇입니까
예시답안: 저는 사랑이 사업보다 중요하다고 생각합니다. 왜냐하면 사람은 감정이 있습니다, 만약에 사랑이 없다면, 그럼 사업이 아무리 성공해도, 그는 행복하지 않을 것입니다. 사업은 혼자 노력해도 성공할 수 있는데, 하지만 사랑은 두 사람 모두 노력해야 합니다.

단어
- 事业 [shìyè] 명 사업
- 感情 [gǎnqíng] 명 감정
- 成功 [chénggōng] 명 성공
- 幸福 [xìngfú] 동 행복하다
- 努力 [nǔlì] 동 노력하다

Tip 전치사 '靠'는 '~의지하여, 의거하여, ~에 달려 있다'는 뜻으로 어떤 일을 하는 수단을 나타낸다.

5
질문: 对于企业而言, 你觉得人力资源重要, 还是物资资源重要? 为什么?
예시답안: 对于企业而言, 我觉得人力资源比物资资源更重要。从公司成立开始, 人便是公司的中心。因为人去努力工作, 挣来了资金, 挣来了公司需要的一切。

한글해석:
질문: 기업에 입장에서, 당신은 인력자원이 중요하다고 생각합니까, 아니면 물질자원이 중요하다고 생각합니까? 그 이유는 무엇입니까?
예시답안: 기업 입장에서, 저는 인력자원이 물질자원보다 더 중요하다고 생각합니다. 회사가 설립된 시점부터, 사람이 바로 회사의 중심입니다. 사람이 열심히 일을 해서, 자금과 회사에 필요한 모든 것을 벌기 때문입니다.

단어
- 资源 [zīyuán] 명 자원
- 物资 [wùzī] 명 물자
- 成立 [chénglì] 동 설립되다

- 资金 [zījīn] 명 자금
- 一切 [yíqiè] 대 모든

Tip '从~开始'는 어떤 일이 시작된 시점을 나타낸다. 때로는 '起'와 함께 쓰이기도 한다. '从~(起)开始'

第五部分: 拓展回答

1
질문: 现在越来越多的年轻人选择晚婚晚育, 简单谈谈你的看法。
예시답안: 随着婚育年龄的推迟以及观念的更新, 年轻人结婚生育越来越晚。二十几岁的年轻人, 思想还不够成熟, 生活和工作方面也缺乏经验。完全可以等具备了一定的专业知识, 工作能力, 经济基础和生活经验以后再结婚。这样会使家庭更加稳固, 生活也会更加美满幸福。但是晚婚晚育也会带来很多社会问题。如社会老龄化严重, 生产力下降, 年轻人负担加重等。所以, 根据实际自己的实际情况, 适当地调节一下婚期也是不错的选择。

한글해석:
질문: 현재 많은 젊은이들은 늦은 결혼과 출산을 선택합니다. 이에 대해 당신의 생각을 말해보세요.
예시답안: 결혼과 출산 연령이 늦어지고, 관념이 변화함에 따라서 젊은이들이 점점 늦게 결혼을 합니다. 20대의 청년은 생각이 아직 미숙하고 생활 경험도 부족합니다. 따라서 적당하게 결혼과 출산 시기를 늦춰서, 어느 정도의 전문적인 지식, 업무 능력, 경제적인 기반과 생활 경험을 쌓은 후에 결혼을 한다면 가정은 더욱더 안정적일 것이고, 행복한 생활을 할 수 있습니다. 하지만 늦은 결혼과 출산은 사회적인 문제도 가져왔습니다. 예를 들어 사회 노령화가 심해지고, 생산력이 저하되며, 젊은이들의 부담이 가중 되었습니다. 그래서, 자기 자신의 실제 상황에 맞게 적당히 결혼 시기를 조절하는 것도 좋은 선택이라고 생각합니다.

단어
- 推迟 [tuīchí] 동 늦추다
- 美满 [měimǎn] 형 아름답고 원만하다
- 更新 [gēngxīn] 동 새롭게 바뀌다
- 缺乏 [quēfá] 동 결핍되다
- 调节 [tiáojié] 동 조절하다

Tip '根据'는 전치사로써 '~에 의하면'이라는 뜻이다. 동작 행위의 근거를 이끌어냅니다.
예) 根据同学们的要求, 下午的课不上了。
학생들의 요구에 따라 오후 수업은 하지 않겠습니다.

2
질문: 谈谈我们为什么应该提倡保护动物?
예시답안: 我们人类和动物一起生活在这个地球上, 都是地球的居民。为了维护地球的生态平衡, 我们必须保护动物。由于环境污染, 人类的乱砍乱伐, 一味捕杀动物, 使很多野生动物的生存面临各种各样的威胁。现在每天都会有100多种生物从地球上消失。动物在维系生态平衡上

起着举足轻重的作用。我们想要和谐稳定的大自然，那么我们就要好好保护动物的安全。因为保护动物就是保护我们人类自己。

한글 해석
질문: 우리는 왜 동물보호를 주장해야 하나요?
예시답안: 인류와 동물은 함께 이 지구에 살고 있으므로 동물도 지구의 거주민입니다. 생태평형을 유지하기 위해서 반드시 동물을 보호해야 합니다. 환경오염, 인류의 남벌, 동물을 마구 죽이는 등 행위로 인하여 많은 야생동물이 각종 위협에 직면하게 되었습니다. 현재 매일 100여종의 생물이 지구에서 사라지고 있습니다. 동물은 생태평형을 유지하는데 비할 것이 없을 만큼 중요한 작용을 하고 있습니다. 우리가 만약 조화롭고 안정적인 대자연을 원한다면 반드시 동물의 안전을 잘 보호해야 합니다. 왜냐하면 동물을 보호하는 것은 바로 인류 자신을 보호하는 것이기 때문입니다.

단어
- 提倡 [tíchàng] 동 제창하다
- 平衡 [pínghéng] 형 균형이 맞다
- 污染 [wūrǎn] 형 오염되다
- 捕杀 [bǔshā] 동 잡아죽이다
- 举足轻重 [jǔzúqīngzhòng] 성 대단히 중요한 위치에 있어서 일거수일투족이 전체에 중대한 영향을 끼치다

Tip '起着~作用'은 사용어구로서 '~한 역할을 한다'라는 뜻이다.
예) 现今, 工作在一个单身女性的生活中起着重要作用。
요즘에는 일이 독신 여성의 삶에서 중요한 역할을 한다.

3 질문: 你认为在我们的生活中，法律必须存在吗？为什么？
예시답안: 我认为法律必须存在。如果这个社会没有法律的制约，就会变得非常混乱，难以想象。俗话说得好"人无规矩不成方圆"，法律可以约己律人。法律对于维护社会稳定有很大的帮助。同时，我们也可以利用法律维护个人的自身合法权益。法律是我们生活中不可缺少的要素，法律是正义、平等的象征。我们一定要遵法依法，这样才会使我们的社会健康稳定地发展。

한글 해석
질문: 당신은 우리의 생활 속에서 법률이 반드시 존재해야 한다고 생각하십니까? 왜 그렇습니까?
예시답안: 저는 법률은 반드시 존재해야 한다고 생각합니다. 만약 법의 제약이 없다면 사회는 매우 혼란스러울 것입니다. 속담에 '규범이 없으면 일을 이룰 수 없다'라고 했습니다. 법률은 자신과 타인을 단속합니다. 법률은 사회의 안정성을 유지하는데도 큰 도움을 주고 있습니다. 동시에, 우리는 법률이라는 무기를 자신의 합법적인 권익을 보호하는 데에 사용할 수 있습니다. 법률은 사람들의 생활 속에 없어서는 안 될 요소이며, 반드시 법을 따르고 지켜야 하며 이렇게 해야 만이 사회는 건강하고 안정적으로 발전할 수 있습니다.

단어
- 法律 [fǎlǜ] 명 법률
- 遵守 [zūnshǒu] 동 준수하다
- 制约 [zhìyuē] 동 제약하다
- 混乱 [hùnluàn] 형 혼란하다
- 维护 [wéihù] 동 유지하고 보호하다

Tip '人无规矩不成方圆'는 중국어 속담으로써 '규범을 지키지 않으면 일을 이룰 수 없다'라는 뜻이다. 다시 말해서 법과 법규의 중요성을 이르는 말이다.

4 질문: 俗话说"一分钱一分货"，你同意这个说法吗？
예시답안: 我同意"一分钱一分货"这个说法。相同的商品在各个商店或不同的时期，价格都会不同。商家都是以营利为目的的。所以，质量好的产品在生产过程中需要更多的成本。比如说好的原材料和优秀的人力，这些成本都会体现在商品的价格上。如果同样的产品，价格非常便宜，那么它很可能会在生产过程中有偷工减料，做工粗糙的现象，无法保证质量。

한글 해석
질문: 속담에 '싼 게 비지떡이다'라는 말이 있는데 당신은 이 말에 동의하십니까?
예시답안: 저는 '싼 게 비지떡이다'이라는 말에 동의합니다. 똑같은 상품은 상점마다 또는 시간대마다 가격이 모두 다릅니다. 상가는 모두 영리를 목적으로 합니다. 그래서, 품질이 좋은 상품은 생산과정 중에서 더 많은 원가가 필요합니다. 예를 들면 좋은 소재와 우수한 인력을 사용하면 이 모든 것은 모두 상품 가격에 체현이 됩니다. 만약 같은 상품이 가격이 싸다면 그것은 생산과정에서 노동을 적게 들이고 자재를 적게 썼을 것이고, 가공 기술도 매우 조잡하여 사용 품질도 보장 못 할 것입니다.

단어
- 同意 [tóngyì] 동 동의하다
- 一分钱一分货 [yīfēnqiányīfēnhuò] 싼 게 비지떡이다
- 盈利 [yínglì] 명 이윤
- 体现 [tǐxiàn] 동 체현하다
- 粗糙 [cūcāo] 동 거칠다

Tip '以~为~'는 '~을/를 ~로 삼는다'라는 뜻이다. 전치사 '以'는 '로서' 의미로 근거 혹은 방식을 나타내는 내용이 함께 쓰인다.
예) 听力课以提高学生的听力水平为目的。
듣기수업은 학생의 듣기 실력을 향상시키는 것을 목적으로 한다.

第六部分：情景应对

1 질문: 你的男朋友不爱读书，每天就喜欢出去和朋友们玩儿。请你告诉他读书的重要性。
예시답안: 随着经济的快速发展，很多人利用互联网了解信息文化知识，忽略了读书的重要性。其实无论时代怎么发展，书在我们生活中都是无可替代的。社会上需要有知识有文化的人，我们可以通过看书增长知识，开阔眼

실전 모의고사 답안

界。读书的人不一定都成功，但是成功的人一定都读书。这也说明读书的重要性。所以从今天开始，咱们一起读书吧！

한글해석 질문: 당신의 남자친구는 책 읽는 것을 즐기지 않고, 친구들이랑 같이 나가서 놀기 즐깁니다. 그에게 독서의 중요성을 알려 주세요.

예시답안: 경제의 빠른 발전에 따라 많은 사람들은 인터넷을 이용하여 소식, 문화지식을 알게 되면서, 책의 중요성을 소홀히 하고 있어. 사실은 시대가 어떻게 발전할지라도 책은 우리 생활 속에서 대체할 수 없는 거야. 사회는 지식, 문화가 있는 사람을 필요로 해. 우리는 독서를 통하여 지식을 높이고 견식을 넓힐 수 있어. 독서를 하는 사람이 반드시 성공하는 것은 아니지만 성공한 사람은 반드시 책을 읽어. 이 또한 독서의 중요성을 설명해 주는거야. 그러니까 오늘부터 나와 같이 책을 읽도록 하자.

단어
- 互联网 [hùliánwǎng] 명 인터넷
- 忽略 [hūlüè] 동 소홀히 하다
- 开阔 [kāikuò] 동 넓히다
- 眼界 [yǎnjiè] 명 견식
- 立足 [lìzú] 동 발붙이다

Tip '无论~都'는 '~을 막론하고/~에 상관없이, 모두 ~한다'라는 뜻으로 어떤 조건하에서도 결과는 변하지 않는다는 의미로 쓰인다.
예 无论明天天气好不好，我都要去爬山。
내일 날씨가 좋든 나쁘든 저는 등산하러 갈 거예요.
无论我怎么跟他说，他都不听我的话。
제가 그에게 뭐라 말해도, 그는 제 말을 안 들어요.

2 **질문** 最近的年轻人常常换工作，什么工作都干不久。你的好朋友也这样，而且总是抱怨工作不如意。作为他的好朋友，请你给他一些建议。

예시답안 小明！现代社会竞争非常激烈，所以哪种工作都不好做，而且挣钱本来就是不容易的。但是不管什么工作，只有做久了，用心地去干，认真地研究琢磨，才会有不错的回报。所以，其实不存在没有压力的工作，工作都会有压力的。如果不能安心地做好一份工作，经常换来换去，那就永远找不到适合自己的工作，更不能把工作做得得心应手。持之以恒，才能做成大事。半途而废，只会一事无成。我劝你还是安定下来吧。

한글해석 질문: 최근 젊은이들은 늘 직장을 바꿉니다. 그 어떤 일도 오래할 수 없습니다. 당신의 친한 친구도 이러합니다. 게다가 늘 일에 대한 불만을 토로합니다. 친한 친구로서 당신이 그에게 건의를 해 보세요.

예시답안: 샤오밍! 현대 사회는 경쟁이 아주 치열해. 그래서 모든 일이 다 하기 힘들지. 게다가 돈 버는 일은 원래 쉽지 않아. 하지만 그 어떤 일이든 오랫동안 하고 열심히 하며 잘 연구하고 고민해 보아야 비로서 좋은 보답을 얻을 수 있어. 스트레스가 없는 일은 없고, 모든 일은 스트레스가 생기게 마련이야. 만약 하나의 일을 계속 하지 않고 늘 이리저리 바꾼다면 영원히 자기에 맞는 일을 찾을 수 없을 뿐더러 더욱더 일을 순조롭게 진행할 수 없어. 꾸준히 해야만이 큰 일을 할 수 있고, 중도에 포기하면 아무 일도 성공할 수 없어. 나는 네가 안정적으로 일하길 바래.

단어
- 抱怨 [bàoyuàn] 동 원망하다
- 如意 [rúyì] 동 뜻대로 되다
- 琢磨 [zuómo] 동 사색하다
- 得心应手 [déxīnyìngshǒu] 마음먹은 대로 되다,
- 持之以恒 [chízhīyǐhéng] 오랫동안 견지하다

Tip '把'자문은 어떤 특정한 목적어를 어떻게 처리했는지 그 동작의 결과를 강조하고자 할 때 자주 쓴다.
예 我把钱包丢了。저는 지갑을 잃어버렸어요.
他把书带来了。그는 책을 가져왔어요.

3 **질문** 你的朋友因为孩子的教育问题，马上就要移民去澳大利亚了，但是朋友的担心和顾虑很多。请你劝劝他，安慰一下他。

예시답안 小明，下个月就要去澳大利亚了吧。一切都准备好了吗？我知道你最近心事比较多，可能会觉得很不安。但是我觉得你不用太担心。首先，你和你爱人英语说得都很好，任何语言障碍都没有。其次，你们的生活能力也很强，接触新事物的能力也比一般人快。再次，你那边的朋友也会帮助你的，在她的帮助下你一定会更快地适应那里的生活。说实话，我真的很羡慕你，如果有机会，我也想去那边生活。我相信你一定喜欢那里的，不要担心，一切都会很顺利的。

한글해석 질문: 당신의 친구는 아이의 교육 때문에 곧 호주로 이민갑니다. 하지만 당신의 친구는 걱정과 고려가 많습니다. 그에게 충고와 위로를 해주세요.

예시답안: 샤오밍, 다음달 곧 호주로 가지. 모든 것이 다 준비가 됐어? 나는 네가 요즘 고민거리가 비교적 많다는 것을 알고 있고 불안하다는 것도 알고 있어. 하지만 나는 너무 걱정할 필요가 없다고 생각해. 우선, 너와 너의 와이프는 모두 영어를 잘하잖아. 그러니 아무런 언어적인 장벽이 없을 거야. 그리고 너의 생존능력은 매우 강해. 새로운 사물을 받아들이는 능력도 일반사람보다 빠르다고 생각해. 셋째, 호주에 있는 친구는 너를 도와줄 것이고 너는 더욱 더 빨리 그쪽 생활에 적응할 수 있을 거야. 솔직히 말해서, 나는 네가 매우 부러워, 만약 기회가 있다면 나도 그 쪽에 가서 살고 싶어. 나는 네가 반드시 그 곳을 좋아하게 될 것이라 믿어. 걱정하지마, 모든 것이 다 순조로울 거야.

단어
- 顾虑 [gùlǜ] 동 고려하다
- 安慰 [ānwèi] 동 위로하다
- 心事 [xīnshì] 명 걱정거리

- 接触 [jiēchù] 동 접촉하다
- 障碍 [zhàng'ài] 명 장애

Tip '任何'는 대명사로 '어떠한'의 의미로 뒤에 명사를 수식한다. 주로 '都'와 호응한다.
예 任何事都有两面性。
어떤 일도 모두 양면성을 띠고 있습니다.
任何人都不能走。
어떠한 사람도 갈 수 없습니다.

第七部分：看图说话

예시답안
① 一对热恋中的情侣在公园里散步。这时候，他们看到另一对情侣，男孩儿正在拿着一大束玫瑰花向女孩子求婚。女朋友看了十分羡慕。
② 男朋友看到了女朋友羡慕的目光。于是他决定自己也要给女朋友买一大束玫瑰花，给女朋友一个惊喜。
③ 这天下班以后，他特意去花店挑了一大束漂亮的玫瑰花，准备送给女朋友。可是因为地铁上人很多，他的花被挤得七零八落。
④ 来到女朋友家时，花已经都被挤坏了。女朋友接到花后责怪男朋友没有好好儿包装，男朋友也觉得很不好意思，哭笑不得。

한글해석
① 한 쌍의 사랑하고 있는 커플이 공원에서 산보하고 있었다. 이 때, 그들은 다른 한 쌍의 커플을 봤다. 남자는 한 다발의 장미꽃을 들고 여자에게 프로포즈를 하고 있었다. 여자친구는 이것을 보고 아주 부러워했다.
② 남자친구는 여자친구의 부러운 눈빛을 보고 자기도 여자친구에게 한 다발의 장미꽃을 선물하여 여자친구에게 이벤트를 해 주려고 했다.
③ 이 날 퇴근 후 그는 모처럼 꽃집에 가서 한 다발의 예쁜 장미를 골라 여자친구에게 주려고 하였다. 하지만 지하철에 사람이 너무 많아서 꽃은 눌려서 산산조각이 났습니다.
④ 여자친구 집 아래에 도착했을 때 꽃이 다 망가졌다. 여자친구는 꽃을 받으면서 남자친구에게 꽃을 잘 포장해 오지 못했다고 나무랐다. 남자친구는 미안해서 웃지도 울지도 못 하였다.

단어
- 情侣 [qínglǚ] 명 연인
- 玫瑰 [méigui] 명 장미
- 求婚 [qiúhūn] 동 구혼하다
- 特意 [tèyì] 부 일부러
- 七零八落 [qīlíngbāluò] 산산조각이 나다

Tip '哭笑不得'는 성어로서 '웃을 수도 울 수도 없다, 이러지도 저러지도 못하다, 어쩔 줄을 모르다'라는 뜻이다.
예 刚做好的作业被弟弟撕坏了，真是哭笑不得。
막 다 완성한 숙제를 남동생이 찢어버렸다, 정말 웃을 수도 울 수도 없다.
刚买的裙子就坏了，真是让我哭笑不得。
막 산 치마가 망가졌다, 진짜 웃을 수도 울 수도 없다.

실전 모의고사 3

第二部分：看图回答

1
질문 墙上有什么？
예시답안 墙上挂着三张照片，都是风景照。

한글해석
질문: 벽에 무엇이 있습니까?
예시답안: 벽에는 세 장의 사진이 걸려 있고, 모두 풍경사진입니다.

단어
- 墙 [qiáng] 명 벽
- 挂 [guà] 동 걸다
- 张 [zhāng] 양 장
- 照片 [zhàopiàn] 명 사진
- 风景 [fēngjǐng] 명 풍경, 경치

Tip 동태조사 '着'는 사람이나 사물의 동작, 상태의 지속을 나타내며, '동사+着+(목적어)' 형태로 쓰인다.

2
질문 女的年纪最大吗？
예시답안 女的没有男的大，男的年纪最大。

한글해석
질문: 여자의 나이가 제일 많습니까?
예시답안: 여자는 남자보다 나이가 많지 않습니다, 남자의 나이가 제일 많습니다.

단어
- 年纪 [niánjì] 명 나이, 연령
- 最 [zuì] 부 가장, 제일
- 大 [dà] 형 크다, 많다
- 没有 [méiyǒu] 부 ~에 이르지 못하다, 부족하다

Tip 'A+没有+B+서술어' 형태로 'A는 B보다 ~하지 않는다'라는 의미로 부정형이 된다.
예 我没有他高。 나는 그보다 크지 않다.

3
질문 这个月几号是结婚纪念日？
예시답안 这个月五号是结婚纪念日，他们结婚有三年了。

한글해석
질문: 이번 달 몇 일이 결혼기념일입니까?
예시답안: 이번 달 5일이 결혼기념일이고, 그들은 결혼한 지 3년이 되었습니다.

단어
- 这 [zhè] 대 이것
- 个 [gè] 양 개, 명
- 号 [hào] 명 호, 일
- 结婚 [jiéhūn] 동 결혼하다
- 纪念日 [jìniànrì] 명 기념일

Tip '有~了'는 '(시간이) ~되었다, ~지났다'라는 의미로 어떠한 상황이 지속된 시간을 나타낸다.

실전 모의고사 답안

4 질문 他几点睡觉?
예시답안 他一点睡觉, 他睡得很晚。

한글해석
질문: 그는 몇 시에 잠을 잡니까?
예시답안: 그는 한 시에 잡니다, 늦게 잡니다.

단어
- 几 [jǐ] 쥐 몇
- 点 [diǎn] 명 시
- 睡觉 [shuìjiào] 동 잠을 자다
- 得 [de] 부 동사와 보어 사이에 쓰여 가능을 나타냄
- 晚 [wǎn] 형 늦다

Tip '형/동+得+보어' 형태로 부사 '得'는 형용사 혹은 동사를 보어와 연결해 주는 다리역할로 쓰인다.
예 他唱歌唱得很好。
그는 노래를 아주 잘 부릅니다.
她漂亮得不得了。
그녀는 대단히 예쁩니다.

第三部分: 快速回答

1 질문 今天天气怎么样?
예시답안 今天听说会下雨, 你得带上雨伞, 要不然会淋雨的。

한글해석
질문: 오늘 날씨는 어때?
예시답안: 듣자 하니 오늘은 비가 올 거래, 너 우산을 챙겨야 해, 그렇지 않으면 비를 맞게 될 거야.

단어
- 听说 [tīngshuō] 동 듣자 하니
- 下雨 [xiàyǔ] 동 비가 오다
- 带 [dài] 동 지니다
- 雨伞 [yǔsǎn] 명 우산
- 淋雨 [línyǔ] 동 비에 젖다

Tip '要不然'는 접속사로 '~하거나, 아니면~'의 의미를 나타내며, '否则'와 비슷한 의미와 용법으로 쓰인다.
예 你洗洗手再吃饭, 要不然会生病的。
너 손을 씻고 밥을 먹어야지 아니면 병 걸릴 거야.

2 질문 你觉得买东西最重要的是什么?
예시답안 我觉得名牌不名牌不重要, 只要质量好, 价格适中就可以了。

한글해석
질문: 넌 물건을 살 때 제일 중요한 것이 무엇이라고 생각해?
예시답안: 난 명품이든 아니든 중요하지 않다고 생각해, 단지 품질만 좋고, 가격이 적당하면 돼.

단어
- 觉得 [juéde] 동 ~라고 생각하다
- 重要 [zhòngyào] 형 중요하다
- 名牌 [míngpái] 명 유명 상표
- 质量 [zhìliàng] 명 품질
- 适中 [shìzhōng] 형 정도가 알맞다

Tip '只要'는 접속사로 '~하기만 하면 ~하다'라는 의미로 조건절을 이끈다. 앞 절에 '只要'를 쓰며, 뒤 절에 부사 '就'와 함께 쓰인다.

3 질문 我不喜欢张经理, 他太厉害了。
예시답안 任何人都不可能十全十美, 虽然张经理对人很严厉, 但是他工作起来也认真。

한글해석
질문: 난 장매니저가 싫어, 그는 너무 상대하기 어려워.
예시답안: 어떤 사람도 완벽할 수 없어, 비록 장매니저는 사람에게 준엄하지만, 일할 때는 진솔해.

단어
- 厉害 [lìhai] 형 무섭다, 상대하기 어렵다
- 十全十美 [shíquánshíměi] 성 모든 방면에 완전무결하여 나무랄 데가 없다
- 虽然 [suīrán] 접 비록 ~일지라도
- 严厉 [yánlì] 형 준엄하다
- 认真 [rènzhēn] 형 진솔하다

Tip '任何'는 대명사로 '어떠한'의 의미로 뒤에 명사를 수식하며, 주로 '都'와 호응한다.
예 任何植物都不能离开阳光。
어떠한 식물도 햇빛없이 살 수 없다.
任何国家都有自己的传统文化。
어떠한 국가도 자신의 전통문화를 가지고 있다.

4 질문 因为文化差异, 昨天我跟朋友吵架了。
예시답안 文化差异是由于每个国家的实际情况不同所造成的, 我们应该互相理解, 互相尊重。

한글해석
질문: 문화차이 때문에, 어제 친구랑 말다툼을 했어.
예시답안: 문화차이는 모든 국가의 실제상황이 달라서 조성된 거야, 우리는 서로 이해하고, 서로 존중해야 해.

단어
- 差异 [chāyì] 명 차이, 다른 점
- 吵架 [chǎojià] 동 말다툼하다
- 造成 [zàochéng] 동 조성하다
- 理解 [lǐjiě] 동 알다, 이해하다
- 尊重 [zūnzhòng] 동 존중하다

Tip '所+동사+的+(명사)'는 고정 격식으로 쓰이며 '~하는 바(명사)'의 의미로 쓰인다.
예 这就是你所带来的一切。
이것이 당신이 가져온 모든 것이다.

5 질문 这部电影真好看!
예시답안 可不是嘛, 我都感动得哭了, 结局太感人了。

한글해석
질문: 이 영화 진짜 재미있다.
예시답안: 맞아, 나 너무 감동받아서 울었어, 결말이 너무 감동적이었어.

단어
- 电影 [diànyǐng] 명 영화
- 感动 [gǎndòng] 동 감동하다
- 哭 [kū] 동 울다
- 结局 [jiéjú] 명 결말, 결과
- 感人 [gǎnrén] 동 감동시키다

Tip '可不是嘛'는 상대방의 의견에 동의할 때 자주 쓰는 표현이다. 이 밖의 '동의' 표현으로는 '可不是', '当然', '谁说不是呢!' 등이 있으며, '반대' 표현으로는 '哪儿啊!', '谁说的', '不会吧!' 등이 있다.

第四部分：简短回答

1
질문 当你结婚时，会选择你爱的人还是爱你的人？

예시답안 如果是结婚的对象，两个人相爱那是最好的。但一定要选一种情况的话，我会选择爱我的人。因为和那个人要生活一辈子，我觉得两个人在一起久了会产生感情的。

한글해석
질문: 당신이 결혼을 할 때, 당신이 사랑하는 사람과 결혼하는지 아니면 당신을 사랑하는 사람과 결혼하는지요?
예시답안: 만약에 결혼의 상대라면, 두 사람 서로 사랑하는 것이 제일 좋아요. 하지만 반드시 한 상황만 선택한다면, 저는 저를 사랑하는 사람을 선택할 것입니다. 왜냐하면 그 사람과 한평생 생활을 해야 하기 때문입니다. 저는 두 사람이 오랫동안 함께 하면 감정이 생길 것이라고 생각합니다.

단어
- 对象 [duìxiàng] 명 상대
- 选 [xuǎn] 동 선택하다
- 一辈子 [yíbèizi] 명 한평생
- 产生 [chǎnshēng] 동 발생하다, 생기다
- 感情 [gǎnqíng] 명 감정

Tip '产生'은 '생기다, 발생하다'의 의미로 쓰이며, 목적어로는 추상적인 내용이 많이 온다.
예) 这~好感 호감 | ~误会 오해 | ~勇气 용기

2
질문 对公司内部恋爱，你怎么看？

예시답안 我不赞同公司内部恋爱，因为我觉得应该公私分明，在工作的时候要理性，不应该掺杂私人感情，也包括同情心，当然爱情就更不好了。而且两个人分开的话，就会面临尴尬的情况。

한글해석
질문: 사내연애에 대해서 당신은 어떻게 생각합니까?
예시답안: 저는 사내연애를 찬성하지 않습니다, 왜냐하면 저는 공과사를 분명히 해야 한다고 생각하고, 일을 할 때는 이성적이야 하고, 감정을 혼합하면 안 됩니다, 동정심도 포함인데, 당연히 사랑은 더 안 좋습니다. 게다가 두 사람이 헤어지면, 난처한 상황에 처할 것입니다.

단어
- 恋爱 [liàn'ài] 명 연애
- 理性 [lǐxìng] 형 이성적이다
- 掺杂 [chānzá] 동 혼합하다
- 尴尬 [gāngà] 형 난처하다
- 情况 [qíngkuàng] 명 상황

Tip 동사 '包括'는 '포함하다'의 의미로 포함 내용 뒤에 '在内'와 함께 쓰이는 경우가 많다. 둘 중 하나를 생략해도 같은 의미로 쓰인다.

3
질문 你喜欢哪种艺术？请简单谈谈你对一种艺术形式的看法。

예시답안 我喜欢毕加索的画。有人说毕加索的画太抽象，全是一些稀奇古怪的符号和图案。可是其实他是把不同视角观察到的人和事物放在了同一个平面上，启发你从不同的角度去观察人和事物。

한글해석
질문: 당신은 어떤 예술을 좋아합니까? 당신이 좋아하는 예술에 대해서 간단하게 당신의 생각을 이야기해 보세요.
예시답안: 저는 피카소의 그림을 좋아합니다. 어떤 사람은 피카소의 그림이 너무 추상적이고, 모두 희귀하고 기괴한 부호와 도안들이라고 합니다. 하지만, 사실 그는 다른 각도에서 본 사람과 사물을 하나의 평면 위에 놓아 두었고, 당신이 다른 각도로 사람과 사물을 보도록 계발한 것입니다.

단어
- 艺术 [yìshù] 명 예술
- 毕加索 [bìjiāsuǒ] 인물 피카소
- 抽象 [chōuxiàng] 형 추상적이다
- 稀奇古怪 [xīqígǔguài] 성 기괴하다
- 启发 [qǐfā] 동 일깨우다

Tip '把'자문은 대상이 다른 형태로 처치되었음을 강조하기 위해서 쓰이며, 술어 뒤에 반드시 처치된 결과를 보충 설명해 주어야 한다.

4
질문 你喜欢长期干一个工作，还是经常换工作？

예시답안 我现在喜欢经常换工作，因为我还年轻，所以我想多经历一些，多做点不一样的事。这样工作到三十五岁的时候，再在我工作过的最喜欢的公司里长期工作。

한글해석
질문: 당신은 한 직장에 장기간 있습니까? 아니면 자주 일자리를 바꿉니까?
예시답안: 저는 자주 일자리를 바꿉니다, 왜냐하면 아직 젊어서, 더 많은 일을 경험하고, 다른 일을 많이 해보고 싶기 때문입니다. 이렇게 35세까지 일을 하다가, 저는 제가 한 일 중에 가장 좋아하는 회사에서 장기간 일을 할 것입니다.

단어
- 经常 [jīngcháng] 부 자주
- 换 [huàn] 동 바꾸다

실전 모의고사 답안

- 年轻 [niánqīng] 형 젊다
- 经历 [jīnglì] 명 경험
- 长期 [chángqī] 명 장기간

Tip 결과보어 '到'는 동사 뒤에 쓰여, 시간이나 장소가 특정 시점, 지점에 도달했음을 뜻한다. '睡到+시간', '工作到+시간', '坐到+장소', '搬到+장소' 등이 예이다.

5 질문 韩国的气候怎么样?

예시답안 韩国的气候很好, 四季分明。春天暖和、夏天热、秋天凉快, 冬天冷。但是现在由于地球温暖化问题, 韩国的天气也受到了影响。现在的六月相当于以前的7月, 春天越来越短了。

한글해석 질문: 한국의 기후는 어때요?
예시답안: 한국의 기후는 좋습니다, 사계절이 명확합니다. 봄은 따뜻하고, 여름은 덥고, 가을은 시원하고, 겨울은 춥습니다. 하지만 현재 지구온난화로, 한국의 날씨도 영향을 받았습니다. 현재 6월은 옛날에 7월에 상당하고, 봄이 점점 짧아지고 있습니다.

단어
- 气候 [qìhòu] 명 기후
- 分明 [fēnmíng] 형 명확하다
- 暖和 [nuǎnhuo] 형 따뜻하다
- 凉快 [liángkuai] 형 시원하다
- 影响 [yǐngxiǎng] 명 영향

Tip '相当于'는 '~에 상당하다'의 의미로 비슷한 다른 상대나 상태를 설명할 때 쓰인다.
예) 一块人民币相当于韩币多少钱?
인민폐 1위안은 한화로 얼마입니까?

第五部分: 拓展回答

1 질문 请你简单谈一谈快餐的利与弊。

예시답안 现代人工作生活都比较繁忙, 所以为了节省时间, 大都会选择吃快餐。快餐的卖点就是快, 非常适合争分夺秒挣钱的上班族。而且快餐的口味比较符合大众的口味, 所以深受人们的欢迎。况且, 快餐的价格适中, 合理实惠。但是快餐营养价值比较低, 卫生也比较差, 所以长期食用会对身体健康造成影响。如果工作繁忙时吃吃快餐, 闲暇的时候可以自己下厨做饭, 那就再好不过了。

한글해석 질문: 패스트푸드의 장단점을 간단히 말해보세요.
예시답안: 현대인들은 일과 삶이 모두 비교적 바빠서 시간을 절약하기 위하여 대부분 패스트푸드를 선택하고 있습니다. 패스트푸드의 상품 매력은 빠른 것입니다. 그리하여 1분1초를 다투어 돈을 버는 직장인에 아주 잘 어울립니다. 게다가 패스트푸드의 맛도 대중의 입맛에 잘 맞기 때문에 많은 사람에게 인기 있습니다. 더구나 패스트푸드는 가격이 적절하고 합리적이며 실속이 있습니다. 하지만 패스트푸드의 영양은 비교적 낮고 위생도 비교적 떨어집니다. 그래서 장기간 동안 먹으면 신체 건강에 해롭습니다. 만약 일이 바쁠 때에는 패스트푸드를 먹고 한가할 때는 스스로 요리를 만든다면 가장 좋을 듯 합니다.

단어
- 快餐 [kuàicān] 명 패스트푸드
- 繁忙 [fánmáng] 동 일이 많고 바쁘다
- 节省 [jiéshěng] 동 절약하다
- 争分夺秒 [zhēngfēnduómiǎo] 동 분초를 다투다
- 实惠 [shíhuì] 동 실속 있다

Tip '况且'는 접속사로 '게다가, 더구나, 하물며'의 의미로 앞 절의 내용에 추가 설명하여, 주장을 더 설득력 있게 하는 표현이다.
예) 这篇文章不长, 况且内容也不难, 我想一个人下午就可以翻译完。
이 글은 길지 않고, 게다가 내용 또한 어렵지 않아서, 내 생각에는 한나절이면 번역을 끝낼 수 있어.
这件事让他去办吧, 况且你也实在抽不出时间。
이 일은 그 사람 보고 하라고 하자. 더군다나 너무 정말 시간을 낼 수 없잖아.

2 질문 你认为学历和能力哪个重要, 为什么?

예시답안 我听过这样一句话"学历是铜牌, 能力是银牌, 人脉是金牌"。我认为在社会生活中能力更重要。虽然对于刚刚踏入社会职场的人来说, 学历是找工作的基本条件, 但是学历只是一种学习能力的证明, 并不能反映一个人的实际能力。现代社会中大学普及率越来越高, 高学历低能力找不到工作的人比比皆是, 然而有能力的人在哪儿都可以立足, 不怕没有发展的空间。并且我们很难找到专业对口的工作, 大多都要进入职场后在工作中重新学习, 所以我觉得能力更重要。

한글해석 질문: 학력과 능력 중에서 어느 것이 중요하다고 생각이 됩니까? 그 이유는 무엇입니까?
예시답안: 저는 이런 말을 들어 본 적이 있습니다. '학력은 동메달, 능력은 은메달, 인맥은 금메달 이다.' 저는 사회 생활에서 능력이 더욱 중요하다고 생각합니다. 비록 막 사회에 첫발을 내딛고 직장에 들어온 사람에게는 학력은 취직하는 기본조건입니다. 하지만 학력은 다만 학습능력의 증명일 뿐입니다, 한 사람의 실제실력을 반영할 수 없습니다. 현대 사회에서 대학 입학률이 점점 높아지고 고학력인데 능력 없는 사람이 많고도 많습니다. 하지만 능력 있는 사람은 어디에서나 자리를 잡을 수 있고 발전 공간이 없을 까봐 두려워 하지 않습니다. 게다가 우리는 전공에 맞는 일자리를 찾기 힘들기 때문에, 많은 경우 직장에 들어가서 새롭게 지식을 배웁니다. 그래서 저는 능력이 더욱 중요하다고 생각합니다.

단어
- 踏入 [tàrù] 동 디디다
- 证明 [zhèngmíng] 동 증명하다
- 反映 [fǎnyìng] 동 반영하다
- 普及 [pǔjí] 동 보급되다
- 比比皆是 [bǐbǐjiēshì] 성 어느 것이나 모두 그렇다

Tip '怕'는 '두려워하다, 걱정이 되다'라는 의미이다. 그의 부정형은 '不怕'이다.
예 他什么困难都不怕。
그는 어떠한 어려움도 두려워하지 않아요.

3
질문 首尔的堵车问题十分严重，你认为怎样才能解决交通堵塞问题？

예시답안 我觉得要解决交通问题，应该首先解决车辆问题。就拿首尔来说，因为私家车过多，导致了车太多路太窄的现象。我认为应该对私家车进行一定的出行限制，同时扩宽道路。其次，我觉得大家应该共同遵守交通法则，这样就会避免很多事故的发生，也能解决不少拥挤现象。再次，乱停车也给交通带来了很多影响，所以应该严加管理停车问题，禁止路边停车，使交通顺畅。解决交通堵塞问题，应该由你我做起，大家共同努力。

한글해석 질문: 서울은 차 막히는 문제가 심각합니다. 당신은 교통 정체 문제를 어떻게 해결했으면 좋겠습니까?
예시답안: 저는 교통 정체문제를 해결하려면 우선 차량문제부터 해결해야 한다고 생각합니다. 서울 이 도시를 예를 들어 말하자면 사가용이 너무 많아 차량이 너무 많고 도로가 너무 좁다는 현상을 초래하였습니다. 저는 자가용의 사용을 제한하고 동시에 도로를 넓혀야 한다고 생각합니다. 둘째, 우리는 모두 교통법률법규를 지켜야 합니다. 이렇게 하면 교통사고의 발생을 면할 수 있고 붐비는 현상을 줄일 수 있습니다. 셋째, 무단 주차도 교통에 많은 영향을 미칩니다. 그래서 주차문제를 엄하게 관리해야 하고 도로 옆에 주차하는 것을 금지해야 하고 교통을 원활하게 하여야 합니다. 교통 정체문제의 해결에는 자신부터 해야 하고 우리 모두 함께 노력해야 합니다.

단어
- 堵塞 [dǔsè] 동 막히다
- 私家车 [sījiāchē] 자가용차
- 导致 [dǎozhì] 초래하다
- 限制 [xiànzhì] 제한하다
- 扩宽 [kuòkuān] 넓히다

Tip '首先~, 其次~, 再次~'는 선후 연속관계를 나타내는 접속사이다. '먼저 ~하고, 그 다음 ~하고, 이어서 ~하다'라는 뜻이다.
예 家里来客人首先请客人进来，其次请客人入座，再次请客人喝茶。
집에 손님이 오면 우선 손님을 들어오라고 하고 그 다음 자리에 앉히고 이어서 차를 드려야 한다.

4
질문 你怎么看待使用一次性纸杯的现象？

예시답안 环境污染越来越严重，很多人都知道我们不应该使用一次性纸杯等物品，但是要做到拒绝使用这些东西，还是很难的。因为，一次性纸杯在方便的同时，以免人们通过反复使用而带来的传染性疾病。但是，一次性纸杯在生产过程中消耗了很多木材，不仅破坏了我们的环境，而且资源的再利用率也极低，造成了不必要的浪费。因此我认为，出门时随身携带一个饮水杯，就可以做到保护环境从我做起，减少一次性纸杯的使用量。

한글해석 질문: 당신은 일회용 종이컵 사용하는 문제에 대해 어떻게 생각합니까?
예시답안: 환경 오염문제가 날이 갈수록 심해지고 사람들은 일회용 종이컵을 사용하지 말아야 한다는 사실을 모두 알고 있는데 이것을 사용하지 않는 것은 쉽지 않습니다. 왜냐하면 일회용 종이컵은 편리할 뿐만 아니라 사람들의 반복사용으로 인한 질병의 전염을 방지합니다. 하지만 일회용 종이컵은 생산과정에서 많은 목재를 소비하여 환경을 파괴할 뿐만 아니라 게다가 재활용률도 낮아 불필요한 낭비를 만듭니다. 그리하여 저는 외출할 때 물컵을 휴대하여 스스로 환경을 보호하고 종이컵을 사용하지 않으려고 하고 있습니다.

단어
- 防止 [fángzhǐ] 방지하다
- 反复 [fǎnfù] 되풀이하다
- 传染 [chuánrǎn] 전염하다
- 消耗 [xiāohào] 소모하다
- 利用率 [lìyònglǜ] 이용율

Tip 'A以免B'는 'B하지 않도록 A한다'는 동작, 행위 A가 B와 같은 결과의 발생을 막기 위해서임을 나타낸다.

第六部分：情景应对

1
질문 你的弟弟每天不爱吃饭，就喜欢吃方便面。越来越瘦，你很担心。请你好好儿劝劝他。

예시답안 小明，你不能这样总吃方便面啊。经常方便面对身体百害而无一利。你现在正处于青少年时期，正是长身体的时候。要注意全面的补充各种营养元素，以后长不高后悔一辈子啊。方便面虽然又好吃又方便，但是长期吃的话，会对你的健康造成很大的伤害。相信我的话，尽量少吃这些含有防腐剂的食品，多吃一些新鲜的绿色食品。有空的话，自己也试着做一些小菜，又营养又好吃。

한글해석 질문: 당신의 남동생은 매일 밥을 먹기 싫어하고 라면만 좋아합니다. 그리하여 점점 말라가고 있어 매우 걱정이 됩니다. 남동생에게 충고의 말을 해보세요.
예시답안: 샤오밍, 너 이렇게 자주 라면을 먹으면 안돼. 늘 라면 먹는 것은 건강에 백해무익해. 너는 지금 청소년 시기잖니? 한창 몸이 성장하는 시기에는 다양한 영

실전 모의고사 답안

양요소를 보충해야 해. 나중에 키 안 크면 한평생 후회할 거야. 라면은 맛있기도 하고 편리하기도 하지만 장기간 먹는다면 네 건강에 아주 좋지 않을 거야. 내 말을 믿고 이런 방부제가 들어간 음식을 적게 먹고 신선한 유기농 식품들을 많이 먹어. 시간이 있으면 혼자서 요리도 좀 하고, 영양도 있고 맛있기도 해.

단어
- 百害而无一利 [bǎihàiérwúyílì] 백해무익
- 补充 [bǔchōng] 동 보충하다
- 营养 [yíngyǎng] 명 영양
- 失调 [shītiáo] 명 실조
- 尽量 [jǐnliàng] 동 다하다

Tip '尽量'은 '가능한 한, 되도록, 최대한'의 의미를 지니는 부사이다.

예) 她英语考试不及格, 很伤心, 你要尽量安慰她.
그녀는 영어시험에 불합격해서 아주 상심해 있으니 당신이 최대한 그녀를 위로해 주세요.

老师让我们尽量多提建议, 提得越多越好.
선생님은 우리보고 가능한 한 더 많은 의견을 내라시면서 많이 낼수록 좋다 하셨다.

2
질문 最近公司新来了一个职员, 但是她还不太适应公司的工作, 每天不太开心. 你是他的上司, 请你给他一些见解和忠告.

예시답안 小丽啊, 你进公司都已经一个月了吧. 我看你好像每天都很紧张, 还不太适应这个新环境, 对吗? 其实我刚来的时候也跟你一样, 每天面对大量的工作, 客户的要求, 忙得几乎每天都要加班. 但是, 其实只要合理的安排好时间, 工作效率就会明显提高. 只要埋头干, 认真负责, 公司一定会给你相应的回报的. 如果有什么难题你也可以直接问我, 不要一个人苦恼. 希望你可以很快适应你的工作, 让我看到你真正的实力. 加油吧!

한글해석 질문: 최근 회사에 새로운 신입사원이 들어 왔습니다. 하지만 그는 아직 회사 생활을 적응 못하고 있어서 매일 우울합니다. 그의 상사로써 견해와 충고를 해주세요.

예시답안: 샤오리, 당신이 회사에 입사한지도 한 달이 되었네요. 내가 보기에는 당신이 매일 너무 긴장하는 것 같고 새로운 환경에 잘 적응하지 못하는 것 같네요. 맞죠? 사실 제가 막 입사할 때도 당신이랑 똑같았어요. 매일 대량의 업무를 맞대고, 고객의 요구에 따라 거의 매일 야근을 했죠. 하지만, 실은 합리적으로 시간을 배치만 해도 일하는 효율이 현저하게 높아져요. 열심히 몰두하여 일을 하고, 책임감 있게 하면, 회사는 반드시 당신에게 상응한 보상을 드릴 것입니다. 만약 어떤 어려운 점이 있으면 직접 저한테 물어보세요. 혼자서 고민하지 말고요. 저는 당신이 빨리 일에 적응하여 저에게 진짜 실력을 보여 주셨으면 좋겠습니다. 파이팅!

단어
- 适应 [shìyìng] 동 적응하다
- 见解 [jiànjiě] 명 견해
- 明显 [míngxiǎn] 형 현저하다
- 紧张 [jǐnzhāng] 형 긴장하다
- 效率 [xiàolǜ] 명 효율

Tip '几乎'는 부사로 '거의'라는 뜻이다. 자주 부사 '都'와 같이 어울려서 쓰인다.

예) 老师说的我几乎都能听懂.
선생님께서 하시는 말씀, 저는 거의 다 알아들을 수 있습니다.

韩国人几乎都喜欢吃辣的.
거의 모든 한국사람들은 매운 것을 좋아합니다.

3
질문 朋友约你去看张艺谋新拍的电影, 但是你有事不能去. 请你拒绝你的朋友.

예시답안 小丽, 谢谢你约我看电影. 但是今天我得在公司加班到很晚, 最近我在开发一个新项目, 所以我真的没时间陪你去. 这部电影是张艺谋的新作, 刚上映不久我也很期待. 我最喜欢张艺谋导演的电影, 而且媒体上都说这部电影演员阵容很大, 故事情节紧凑, 非常值得一看. 这次不能跟你一起去我真的很遗憾, 下周三我们一起看吧. 下次一定不会爽约了. 真的对不起.

한글해석 질문: 친구는 당신에게 같이 장이머우 감독의 최신 작품을 같이 보러 가자고 합니다. 하지만 당신은 일이 있어서 갈 수 없습니다. 친구에게 거절의 말을 해보세요.

예시답안: 샤오리, 함께 영화를 보자고 해서 고마워. 하지만 오늘 회사에서 야근을 늦게까지 해야 해. 요즘 나는 새로운 프로젝트를 개발하고 있어서 진짜 너랑 같이 갈 시간이 없어. 이번 영화는 장이머우의 신작이고 개봉한지 얼마 안돼서 나도 매우 기대하고 있었어. 나는 장이머우 감독님의 영화를 아주 좋아하고 게다가 언론에서는 이 영화가 볼 가치가 있다고 하니 더 가고 싶어. 배우들도 유명하고 스토리도 긴장감이 있다고 해. 이번에 너랑 같이 갈 수 없어서 정말 유감스럽지만, 다음 주 수요일에 우리 꼭 같이 보러 가자. 다음에는 반드시 약속을 어기지 않을게. 정말 미안해.

단어
- 拒绝 [jùjué] 동 거절하다
- 上映 [shàngyìng] 동 상영하다
- 阵容 [zhènróng] 명 진용
- 情节 [qíngjié] 명 줄거리
- 遗憾 [yíhàn] 동 유감스럽다

Tip '值得'는 동사로써 '~할 만하다, ~할 만한 가치가 있다'라는 뜻이다. 반대말로는 '不值得'이다.

예) 中国杭州的西湖很美, 值得去看一次.
중국 항주의 서호는 매우 아름답습니다. 한번 가 볼 가치가 있습니다.

你这样做太不值得了.
당신 이렇게 하는 것은 너무 가치가 없습니다.

第七部分: 看图说话

예시답안
① 一天, 小明在公司加班到很晚, 累得腰酸背痛。而且外边还下着大雨, 所以他决定不坐地铁, 而是打车回家。
② 因为是夜晚, 所以道路特别通畅, 小明心情非常舒畅。出租车司机很热情, 他聊了一会儿车就开到了他们家楼下。
③ 但是他要付钱的时候, 突然发现他没带他钱包。他十分惊慌失措, 一时不知如何是好。
④ 最后他不得不给正在睡觉的妻子打电话。让她下楼送车费。还好妻子接了电话, 要不然今天真的太丢人了。

한글해석
① 어느 날, 샤오밍은 회사에서 밤 늦게까지 야근을 하여 너무 피곤하여 허리가 시큰거리고 등이 아팠다. 게다가 밖에는 큰 비가 내려 지하철 대신에 택시를 타고 집에 가기로 결정했다.
② 늦은 저녁이기에 도로는 아주 원활하였고 샤오밍은 마음이 아주 편했다. 택시 기사님도 아주 친절해서 그들은 얘기를 하면서 곧 집에 도착하였다.
③ 하지만 그가 돈을 지불하려고 했을 때 지갑을 챙기지 않았다는 것을 발견하였다. 그는 몹시 당황하였고 어떻게 했으면 좋을지 몰랐다.
④ 결국 그는 자고 있는 아내에게 전화하여 택시비를 가져다 달라고 부탁하였다. 다행히 아내가 전화를 받았다. 그렇지 않았으면, 오늘 정말 창피를 당할 뻔 했다.

단어
- 腰酸背痛 [yāosuānbèitòng] 허리가 시큰거리고 등이 아프다
- 通畅 [tōngchàng] 형 원활하다
- 舒畅 [shūchàng] 형 상쾌하다, 유쾌하다, 시원하다
- 惊慌失措 [jīnghuāngshīcuò] 놀라고 당황하여 어찌할 바를 모르다
- 一时 [yìshí] 명 어쩌다가, 우연하게, 우발적으로, 갑자기

Tip '要不然'는 '그렇지 않으면'라는 뜻으로 '要不'로 쓰이기도 한다.
예) 你必须自己亲自去, 要不然申请不了。
당신 반드시 본인이 직접 가야만 해요, 그렇지 않으면 신청을 못합니다.
你一定要小心, 要不然后果自负。
당신은 반드시 조심해야 합니다, 그렇지 않으면 그 결과는 스스로 책임져야 합니다.

실전 모의고사 4

第二部分: 看图回答

1
질문 他们在图书馆做什么?
예시답안 有的人在看书, 有的人在做作业。

한글해석
질문: 그들은 도서관에서 무엇을 하고 있습니까?
예시답안: 어떤 사람은 책을 보고 있고, 어떤 사람은 숙제를 하고 있습니다.

단어
- 图书馆 [túshūguǎn] 명 도서관
- 看 [kàn] 동 보다
- 书 [shū] 명 책
- 做 [zuò] 동 ~하다
- 作业 [zuòyè] 명 숙제, 과제

Tip '有的~, 有的~' 형태로 '어떤 것은 ~하고, 어떤 것은 ~하다'라는 의미로 쓰인다.

2
질문 他家住在几号?
예시답안 他家住在四楼, 四零二号。

한글해석
질문: 그의 집은 몇 호 입니까?
예시답안: 그의 집은 4층에 살고 있고, 402호입니다.

단어
- 家 [jiā] 명 집
- 住 [zhù] 동 살다, 거주하다
- 几 [jǐ] 수 몇
- 号 [hào] 명 호
- 楼 [lóu] 양 층

Tip '동사+在+장소' 형태로 '在+장소'는 동사 뒤에 보어로 쓰여, (결과적으로) 그 장소에 고정되었다는 의미로 쓰인다. '在+장소' 대부분 동사 앞에 부사어로 쓰여 동작이 진행된 장소를 나타낸다.

3
질문 她在做什么?
예시답안 为了结婚, 她在努力运动。

한글해석
질문: 그녀는 무엇을 하고 있습니까?
예시답안: 결혼을 하기 위해서, 그녀는 열심히 운동을 하고 있습니다.

단어
- 什么 [shénme] 대 무엇, 어떤
- 为了 [wèile] 개 ~를 하기 위해서
- 结婚 [jiéhūn] 동 결혼하다
- 努力 [nǔlì] 동 노력하다
- 运动 [yùndòng] 명 운동

실전 모의고사 답안

Tip '为了~'는 '~을 하기 위해서, ~을 위해'의 뜻으로 어떤 동작을 하는 목적을 나타낸다.

4 질문: 公司在哪儿?
예시답안: 公司在书店旁边, 那栋很高的楼就是。

한글해석 질문: 회사는 어디에 있습니까?
예시답안: 회사는 서점 옆에 있습니다, 바로 저 높은 건물 입니다.

단어
- 公司 [gōngsī] 몡 회사, 직장
- 书店 [shūdiàn] 몡 서점
- 旁边 [pángbiān] 몡 옆, 곁
- 高 [gāo] 혱 높다
- 楼 [lóu] 몡 건물

Tip '就'는 부사로, '바로 ~다'의 의미로 가장 많이 쓰인다. 또 '只' 같이 '~뿐'의 의미도 있다.
예 这就是小明。이분은 바로 샤오밍이다.
   就我们两个人。우리 둘 뿐이다.

第三部分：快速回答

1 질문: 怎么这么堵啊? 早知道早点儿出发了。
예시답안: 即使早出发也没用, 今天是周末, 什么时候出发都会堵的。

한글해석 질문: 왜 이렇게 차가 막히지? 미리 알았으면 좀 일찍 출발할 걸.
예시답안: 설사 일찍 출발해도 소용이 없어, 오늘은 주말이라, 언제 출발해도 다 막혀.

단어
- 堵(车) [dǔ(chē)] 동 (차) 막히다
- 知道 [zhīdào] 동 알다
- 出发 [chūfā] 동 출발하다
- 周末 [zhōumò] 몡 주말
- 什么时候 [shénmeshíhòu] 대 언제

Tip 접속사 '即使'는 앞 절에 쓰여 '설령 ~하더라도(할지라도, 일지라도)'의 의미며, 가설 겸 양보를 나타낸다. 보통 부사 '也', '还' 등과 함께 쓰인다.

2 질문: 来不及了, 快点儿。
예시답안: 别着急, 越着急越慢, 来得及。慢慢收拾。

한글해석 질문: 늦었어, 서둘러야 돼.
예시답안: 조급해 하지 마, 급할수록 늦어져, 안 늦었어, 천천히 정리해.

단어
- 来得及 [láibují] 동 (시간이 부족하여) 돌볼 틈이 없다
- 别 [bié] 동 ~하지 마
- 着急 [zháojí] 동 조급해 하다

- 慢 [màn] 혱 느리다
- 收拾 [shōushi] 동 거두다

Tip '越~越~'는 '어떤 동작을 하면 할수록 ~의 상태가 되다'라는 의미고 '越来越+형용사'는 시간이 지남에 따라 정도가 심해짐을 나타낸다.

3 질문: 中国的节假日真多呀。
예시답안: 那是由于中国的地域广大, 探亲访友的距离比较远, 所以需要比较长的假期。

한글해석 질문: 중국의 휴일이 이렇게 많을 줄이야.
예시답안: 그것은 중국의 지역이 너무 커서, 친척과 친구를 방문하는데 거리가 멀기 때문이야. 그래서 좀 긴 휴가가 필요해.

단어
- 节假日 [jiéjiàr] 몡 (법정) 명절과 휴일, 경축일과 휴일
- 地域 [dìyù] 몡 지역
- 探亲访友 [tànqīnfǎngyǒu] 친척 친구를 방문하다
- 距离 [jùlí] 몡 거리, 간격
- 假期 [jiàqī] 몡 휴가

Tip '由于'는 '~때문에'의 의미로 뒤 절의 같은 상황이 생기는 원인을 말한다. 대체로 '因而', '因此' 등 접속사와 같이 쓰이는 경우가 많다.

4 질문: 我们一起跳舞吧。
예시답안: 我从来没有跳过舞, 也不会跳舞。你能教我吗?

한글해석 질문: 우리 같이 춤추자.
예시답안: 난 여태껏 춤을 춘 적이 없어, 춤 출 줄도 몰라. 나에게 가르쳐 줄 수 있니?

단어
- 一起 [yìqǐ] 부 함께
- 跳舞 [tiàowǔ] 동 춤을 추다
- 教 [jiāo] 동 가르치다
- 会 [huì] 동 (배워서) ~할 수 있다
- 能 [néng] 동 ~해도 된다

Tip '从来'는 과거에서 현재까지 상태를 설명하는 부사로, 대체로 뒤에 부정부사 '不, 没'와 함께 오는 경우가 많다. 형태는 '从来没+동사+过', '从来不+동사'로 쓰인다.

5 질문: 数学可真难啊。
예시답안: 那是当然, 数学与历史不同, 不是背一背就可以的。

한글해석 질문: 수학은 너무 어려워.
예시답안: 그건 당연하지, 수학은 역사와 달리, 단지 외우기만 해서 되는 것이 아니야.

단어
- 数学 [shùxué] 명 수학
- 难 [nán] 형 어렵다
- 当然 [dāngrán] 형 당연하다
- 历史 [lìshǐ] 명 역사
- 背 [bèi] 동 외우다

Tip '与~不同'에서 '与'는 '~와'로 해석되며, 구어체에서는 '和/跟'을, 문어체에는 '与/同'을 더 많이 쓴다. '和/跟/与/同'과 함께 잘 쓰이는 것으로 '不同/相同/有关/相比' 등이 있다.

단어
- 吵架 [chǎojià] 동 말다툼하다
- 冷静 [lěngjìng] 형 냉정하다
- 主动 [zhǔdòng] 형 주동적인, 자발적인
- 道歉 [dàoqiàn] 동 사과하다
- 认错 [rèncuò] 동 잘못을 인정하다

Tip '算'는 '~라고 여겨지다, ~라고 여기다'의 뜻으로 사실에 대한 판단, 확정을 나타낸다.
예) 今天不算冷。 오늘은 춥지 않은 편이다.
    这个不算贵。 이것은 비싼 편이 아니다.

第四部分：简短回答

1 질문 如果你很忙的时候, 你的朋友需要你的帮助, 你是帮还是不帮？为什么？

예시답안 如果我很忙的时候, 朋友非常需要我的帮助, 我想我一定会帮的。因为尽管我很忙, 但事情可以以后再做。但如果是朋友需要我, 可能只有那么一次。

한글해석 질문: 당신이 바쁠 때, 친구가 당신의 도움을 필요로 한다면, 도와줍니까? 그 이유는 무엇입니까?

예시답안: 제가 아주 바쁠 때, 친구가 저의 도움이 아주 필요하다면, 저는 반드시 도와줄 것입니다. 왜냐하면 비록 제가 아무리 바빠도 나중에 언제든지 할 수 있지만, 친구가 저를 필요하는 것은 아마도 딱 한 번일 수도 있기 때문입니다.

단어
- 需要 [xūyào] 동 필요하다
- 帮助 [bāngzhù] 명 도움
- 一定 [yídìng] 부 반드시
- 可能 [kěnéng] 부 아마도
- 只 [zhǐ] 부 단지

Tip '尽管'은 '마음 놓고, 편한 대로 해도 된다'의 의미로 쓰인다.
예) 还有很多, 你尽管吃吧。 아직 많아, 마음 놓고 먹어.
    有什么困难, 你尽管来找我。 무슨 어려움이 있으면, 편할 때 나를 찾아와.

2 질문 一般你跟爱人吵架时, 怎么和解？

예시답안 一般我们吵架的话, 会先给对方和自己冷静的时间。然后, 一方会主动跟对方搭话, 可能不是道歉, 只是很平常的话, 这就算是先认错了。

한글해석 질문: 일반적으로 당신은 아내 혹은 남편과 말다툼을 하게 되면, 어떻게 화해합니까?

예시답안: 일반적으로 우리가 말다툼을 하게 되면, 먼저 상대방과 자신에게 냉정해질 수 있는 시간을 줍니다. 그 다음에 일반적으로 한 쪽이 주동적으로 상대방에게 말을 겁니다. 사과는 아니고, 단지 평소처럼 얘기를 하는 것인데, 그것이 잘못을 인정한 것이라고 여깁니다.

3 질문 你知道"愚公移山"的故事吗？请你谈谈对这则故事的看法。

예시답안 我知道愚公移山的故事。我并不觉得愚公聪明。他可以搬家, 也可以想别的办法。但是要移山那根本就不可能, 为了不可能的事, 而不去种地, 不去工作, 我觉得并不可取！

한글해석 질문: 당신은 '우공이산'의 이야기를 아십니까? 이에 대한 당신의 생각을 이야기해 보세요.

예시답안: 저는 우공이산의 이야기를 알고 있습니다. 저는 우공이 똑똑하다고 생각하지 않습니다. 그는 이사할 수도 있고, 다른 방법을 생각할 수도 있었습니다. 그러나 산을 옮기는 것은 가능하지 않습니다. 불가능한 일을 위해서, 농사도 짓지 않고, 일도 하지 않았기 때문에, 저는 바람직하지 않다고 생각합니다.

단어
- 故事 [gùshi] 명 이야기
- 搬家 [bānjiā] 동 이사하다
- 办法 [bànfǎ] 명 방법
- 根本 [gēnběn] 부 전혀
- 可取 [kěqǔ] 동 바람직하다

Tip '并'은 '不', '没' 등 부정사의 앞에 놓이며, 실제상황이 사람들이 본 것이나 상상한 것과는 다름을 강조한다.

4 질문 你认为网络使人与人之间的关系更亲近了？还是更疏远了？

예시답안 我觉得网络使人与人之间的关系更疏远了, 虽然让人们联系起来更方便, 但也因为这样, 却让人们的感情越来越疏远了, 至于为什么, 我想可能是因为少了那份期待和珍惜吧。

한글해석 질문: 당신은 인터넷을 통해 사람들이 더 가까워 졌다고 생각합니까? 아니면 더 멀어졌다고 생각합니까?

예시답안: 저는 인터넷으로 사람들이 더 멀어졌다고 생각합니다. 비록 사람들이 연락하기가 더 편리해졌지만, 이로 인해 사람들의 감정에 점점 더 거리가 생기게 되었습니다. 그 이유에 대해서는 아마도 기대와 진귀함이 사라졌기 때문이라고 생각합니다.

실전 모의고사 답안

단어
- 网络 [wǎngluò] 명 네트워크
- 联系 [liánxì] 동 연락하다
- 疏远 [shūyuǎn] 동 거리가 있다
- 期待 [qīdài] 동 기대하다
- 珍惜 [zhēnxī] 동 진귀하게 여겨 아끼다

Tip '至于'는 동사로 '~의 정도에 이르다'의 의미로 쓰이고 부정형은 '不至于'로 자주 쓰인다. 간혹 반어문으로 쓰여서 일이 제시한 정도까지는 심각하지 않음을 나타낸다.

5
질문: 你知道哪些职场文化？请简单介绍一下。

예시답안: 我知道欧美企业重视员工的个性，所以管理风格比较轻松。日本和韩国企业等级制度分明，人人都谦虚礼貌。我认为两种职场文化都有优缺点，没有哪个好哪个不好。

한글해석
질문: 당신은 어떤 직장문화를 알고 있습니까? 간단하게 소개해 보세요.
예시답안: 저는 유럽과 미국 기업은 직원의 개성을 중시해서 관리방식도 엄격하지 않으며, 휴머니즘을 추구하는 것을 알고 있습니다. 일본과 한국 기업은 계급이 분명하며, 모두 겸손하며 예의 바릅니다. 저는 이 두 가지 직장문화가 모두 장단점이 있고, 어느 것이 좋고 어느 것이 나쁘다고 할 수 없다고 생각합니다.

단어
- 职场 [zhíchǎng] 명 직장
- 个性 [gèxìng] 명 개성
- 风格 [fēnggé] 명 풍격
- 分明 [fēnmíng] 형 명확하다
- 谦虚 [qiānxū] 형 겸손하다

Tip '重视'는 '중요시하다'라는 의미로 쓰인다. 보통 '受到~的重视'의 구문으로 '~의 관심을 받다'라는 의미로 자주 쓰인다.

第五部分：拓展回答

1
질문: 你觉得为什么一次性生活用品那么受欢迎呢？

예시답안: 我觉得一次性用品非常适合我们现代人的生活节奏。使用完以后可以马上扔掉，不用清洗，也不用担心卫生问题。既干净又方便，而且经济实惠。特别是在公司或其他公共场所，使用玻璃杯或者碗筷什么的，不仅造价高，而且清洗起来比较麻烦，所以很多人都选择一次性用品。但是一次性用品消耗了大量的树木，而且很多一次性用品在生产过程中卫生不达标。处理这些一次性用品垃圾也是问题。所以，我们应该尽量少用或是最好是不用一次性用品。

한글해석
질문: 일회용품이 인기가 있는 이유는 무엇이라고 생각하십니까?
예시답안: 저는 일회용 용품은 우리 현대인의 생활 리듬에 매우 적합하다고 생각합니다. 사용 후에는 바로 버리면 되고 위생적인 문제도 걱정할 필요가 없습니다. 깨끗하면서도 편리하고 게다가 경제적입니다. 특히 회사나 기타 공공장소에서 유리컵 혹은 수저를 사용하면 비용이 높을 뿐만 아니라 치울 때도 비교적 번거롭습니다. 그래서 많은 사람들은 일회용 용품을 선택하게 됩니다. 하지만 일회용 용품은 대량의 목재를 소모하고 게다가 많은 일회용 용품은 생산과정에서 비위생적이기도 합니다. 이런 일회용 용품을 쓰고 버리면 쓰레기도 또한 문제가 됩니다. 그래서, 우리는 되도록 일회용 용품을 적게 쓰거나 쓰지 말아야 합니다.

단어
- 清洗 [qīngxǐ] 동 깨끗이 씻다
- 或者 [huòzhě] 부 혹은
- 玻璃 [bōli] 명 유리
- 达标 [dábiāo] 동 기준에 도달하다
- 处理 [chǔlǐ] 동 처리하다

Tip '适合'는 동사로써 '적합하다, 알맞다'라는 뜻이다. 뒤에는 목적어를 가질 수 있다. 그 반면 '合适'는 형용사로써 뜻은 똑같지만 뒤에는 목적어를 가질 수 없다.
예) 这件衣服你穿很合适。
이 옷은 네가 입기에 적합하다.
这件衣服适合你穿。
이 옷은 너한테 잘 어울린다.

2
질문: 现代交通越来越发达，你认为这给我们的生活带来了哪些影响？

예시답안: 随着时代的变化和科学技术的发展，我们周边的交通工具越来越多，给我们的出行带来了极大的方便。也大大缩短了人与人之间的交往的距离，同时也实现了人类探索宇宙的梦想。但与此同时也带了一些负面影响。例如，随着城市汽车数量的增加造成了很多交通公害，尾气排放对空气也造成了污染。同时，因为交通非常便利，所以人们运动的次数减少，造成身体素质下降。万事都具有两面性，我们在享受交通给我们带来的便利同时，也要注意它给我们带来的影响。

한글해석
질문: 현대 교통은 날이 갈수록 발달합니다. 당신은 이는 우리들에게 어떤 영향을 미친다고 생각하십니까?
예시답안: 시대의 변화와 과학기술의 발전에 따라, 우리 주변의 교통도구들은 점점 많아지고 외출이 많이 편리해졌습니다. 이 또한 사람과 사람 사이의 교류의 거리를 단축하였습니다, 동시에 인류의 우주 탐험의 꿈도 이루게 하였습니다. 하지만 일부 부정적인 영향도 미쳤습니다. 예를 들면, 도시 차량이 많아지면서 교통 공해를 가져다 주었고 배기가스 방출은 공기오염을 조성하였습니다. 동시에 교통이 편리해짐에 있어서 많은 사람은 운동을 적게 하게 되어 건강이 나빠지게 됐습니다. 모든 일은 양면성을 갖고 있습니다. 우리는 교통이 우리에게 가져다 준 편리를 누리는 동시에 이에 따라온 영향에도 주의해야 합니다.

단어
- 周边 [zhōubiān] 몡 주변
- 缩短 [suōduǎn] 동 단축하다
- 距离 [jùlí] 몡 거리
- 宇宙 [yǔzhòu] 몡 우주
- 公害 [gōnghài] 몡 공해

Tip '与'는 '와'로 해석되며, 구어체에는 '和/跟'을, 문어체에는 '与/同'을 더 많이 쓴다. '和/跟/与/同'과 함께 잘 쓰이는 것으로 '不同/相同/有关/相比' 등이 있다.

3
질문 北京市为了保护环境, 提倡减少私家车的出行, 你对此有什么看法?

예시답안 我非常赞成减少私家车的出行。因为我觉得最近私家车数量太多, 应该进行控制。私家车排放的尾气不仅会对城市空气造成很大的污染。而且有些私家车经常按喇叭, 产生噪音污染, 非常嘈杂。特别是上下班时间私家车的大量出行造成了交通混乱, 使交通堵塞现象更加严重。所以, 我们平时应该多使用公共交通, 保护环境的同时, 也能给他人的出行带来方便。

한글해석 질문: 베이징시는 환경보호를 위하여, 자가용의 운행을 주리는 것을 주장하고 있습니다. 이에 대하여 당신은 어떻게 생각합니까?

예시답안: 저는 자가용의 운행을 줄이는 것에 대해 찬성입니다. 왜냐하면 저는 최근 자가용이 너무 많아 통제해야 한다고 생각합니다. 현재 자가용 차량이 배출한 배기가스는 공기를 크게 오염시키고 있습니다. 그 외에도, 어떤 자가용 기사들은 자주 경적을 울려 소음 오염을 조성하여 아주 시끄럽습니다. 특히 출퇴근 시간 자가용이 대량 운행하여 교통 혼란을 조성하였고 교통 정체현상을 더욱 심각하게 하였습니다. 그래서, 저는 평소에는 대중 교통을 많이 사용하여 환경을 보호하는 동시에 타인의 외출에 편리를 제공해야 한다고 생각합니다.

단어
- 减少 [jiǎnshǎo] 동 감소하다
- 出行 [chūxíng] 동 외출하다
- 喇叭 [lǎba] 몡 나팔
- 噪音 [zàoyīn] 몡 소음
- 大量 [dàliàng] 형 대량의

Tip '造成~'는 '(좋지 않은 결과를) 초래하다'라는 뜻으로써 뒤에는 많이는 희망하지 않는 사항이 따라온다.
  예 估算因火灾造成的经济损失。
  화재로 인한 피해액을 추산하다.
  爆炸造成了他永久性听力损伤。
  그 폭발로 그는 청력을 완전히 잃었다.

4
질문 最近很多人都说为了节约能源我们应该选择购买环保型汽车, 你对此有什么看法?

예시답안 我认为为了节约能源我们应该选择购买环保型汽车。因为汽车尾气的排放是导致空气污染的主要因素。所以城市里大量的汽车尾气, 使得城市里的空气质量极为恶劣。我们的生活质量看似越来越高, 但其实我们的生存环境却越来越差。虽然环保汽车的价格比较昂贵, 不是普通消费群体都能买得起的, 但是我还是愿意购买环保型汽车。

한글해석 질문: 최근 많은 사람들은 에너지를 절약하기 위하여 에코차를 구매해야 한다고 하는데 당신은 이에 대해 어떻게 생각합니까?

예시답안: 저는 에너지를 절약하기 위해 에코차를 구매해야 한다고 생각합니다. 왜냐하면 자동차 배기가스의 방출은 공기오염의 주요 원인입니다. 도시의 대량의 배기가스는 공기를 오염시키고 있습니다. 우리의 생활은 보기에는 좋아진 것 같지만 사실은 생존 환경이 점점 나빠지고 있습니다. 비록 에코차의 가격은 비교적 비싸서 일반 소비자층이 살 수 없지만 저는 여전히 에코차를 구입하는 것을 원합니다.

단어
- 看似 [kànsì] 동 보기에 마치
- 生存 [shēngcún] 동 생존하다
- 环保 [huánbǎo] 몡 환경 보호
- 昂贵 [ángguì] 형 비싸다
- 以身作则 [yǐshēnzuòzé] 성 솔선수범하다

Tip '동사+得/不起'는 가능보어의 전형적인 고정형태다. 긍정은 '~할 수 있다'라는 뜻이고 역량이 충족함을 나타내고 부정형은 '~할 수 없다'라는 뜻으로 역량이 부족함을 나타낸다.
  예 这房子太贵了, 我住不起。
  이 집은 너무 비싸서, 나는 여기서 살 수 없다.
  这台冰箱不太贵, 我买得起。
  이 냉장고는 별로 비싸지 않다, 나는 살 수 있다.

第六部分: 情景应对

1
질문 你已经和你的好朋友约好了一起去济州岛休假, 可是突然接到了公司的紧急通知。你会怎么拒绝你的朋友。

예시답안 小丽, 真的不好意思。这次我们去济州岛休假的计划可能要泡汤了。我今天突然接到了公司的紧急通知, 让我去上海出差。我的休假恐怕要取消了。这次出差是去协商一个项目, 这个项目对我们公司来说非常重要, 对我也非常重要。如果谈得好的话, 我会有升职的机会, 而且还会得到一大笔奖金。那样的话, 到时候我请你去比济州岛更好的地方旅行。虽然这次不能一起去休假很可惜, 但是下次休假会更有意思的。

한글해석 질문: 당신은 당신의 친한 친구랑 제주도로 같이 휴가를 가기로 했는데 갑자기 회사에서 긴급 통지가 있어서 갈 수 없게 되었습니다. 어떻게 거절하겠습니까?

실전 모의고사 답안

예시답안: 샤오리, 진짜 미안해. 이번 우리 같이 제주도 휴가가는 계획 물거품으로 돌아갔어. 오늘 갑자기 회사의 긴급통지를 받았는데 상하이로 출장가라고 해. 그래서 이번 휴가는 취소될 듯해. 이번 출장은 새로운 프로젝트에 관해 협상하러 가는 거야. 이 프로젝트는 나한테도 회사한테도 아주 중요하고, 만약 협상이 잘 된다면 나는 승진할 기회가 있고 게다가 엄청난 보너스도 받을 수 있어. 그렇게 된다면, 너와 제주도보다 더 좋은 곳으로 여행을 갈 거야. 비록 이번에 같이 갈 수 없어서 아쉽지만, 다음 번 휴가는 더욱 재미있게 가자.

단어
- 紧急 [jǐnjí] 형 긴급하다
- 泡汤 [pàotāng] 동 물거품이 되다
- 恐怕 [kǒngpà] 부 아마도
- 协商 [xiéshāng] 동 협상하다
- 项目 [xiàngmù] 명 프로젝트

Tip '恐怕'는 '아마 ~일 것이다'라는 뜻으로 좋지 못한 결과나 부정적인 일을 예상할 때 쓰인다.
예 因为最近工作很忙, 我恐怕去不了了。
최근에 제가 너무 바빠서, 아마 못 갈 것 같아요.
这本书很难, 我恐怕看不懂。
이 책은 너무 어려워서 저는 아마 이해할 수 없을 것 같아요.

2 질문: 你刚买了一台新的笔记本电脑, 你的朋友向你借这台笔记本电脑, 请你拒绝。

예시답안: 对不起啊, 这台笔记本电脑是我刚买的, 我也还没用过几次, 一些软件还没有安装好。而且最近我在用电脑做网店生意, 电脑借给你的话我就没办法跟客户联系。所以真的不太方便。等我忙完了这一阵子, 电脑的操作和系统我都熟悉了, 我一定借给你, 并且教你怎么使用。请你谅解我, 不是我小气, 也不是我不信任你, 而是我真的有原因, 网店生意对我来说很重要。再次向你道歉。

한글해석
질문: 당신은 막 새로운 노트북을 샀습니다. 당신의 친구가 당신한테 이 노트북을 빌려 달라고 합니다. 친구한테 어떻게 거절을 할 것인가요?
예시답안: 미안해, 이 노트북 산 지 얼마 안 돼서, 나도 몇 번 사용해 본 적이 없어. 어떤 프로그램은 설치 안 된 것도 있어. 게다가 요즘 노트북으로 온라인 쇼핑몰 장사를 하고 있어서, 노트북이 없으면 고객들과 연락할 수가 없어. 그래서 너에게 빌려주기가 좀 그래. 내가 이 바쁜 일이 끝나고 노트북 조작과 시스템에 익숙해지면 꼭 너에게 빌려주고, 사용 방법도 가르쳐 줄게. 네가 이해해 주기를 바래. 내가 치사한 것도 너를 못 믿는 것도 아니고, 이유가 있어서 그런 거야. 온라인 쇼핑몰이 나한테는 아주 중요해. 다시 한번 미안해.

단어
- 笔记本电脑 [bǐjìběndiànnǎo] 명 노트북
- 软件 [ruǎnjiàn] 명 소프트웨어
- 安装 [ānzhuāng] 동 설치하다
- 谅解 [liàngjiě] 동 양해하다
- 生意 [shēngyi] 명 비지니스

Tip '不是~而是'는 '~은/는 아니고 ~이다'라는 뜻으로 병렬관계를 나타내는 접속사이다.
예 我不是不想去, 而是没有时间去。
제가 가기 싫어서 안가는 것이 아니고 시간이 없어서 못 가는 것입니다.
他不是律师, 而是法官。
그는 변호사가 아니라 판사입니다.

3 질문: 你的朋友请你去她的新家做客, 但是你已经跟妹妹越好去看音乐剧, 请你拒绝你的朋友。

예시답안: 小丽, 非常感谢你邀请我去你家里做客。但是真的很不巧, 我今天晚上已经约好了和妹妹去看音乐剧, 音乐剧的票都已经买好了, 不能退。这票还是拜托一位朋友买到, 真的来之不易。这个音乐剧是我妹妹最想看的, 如果我不陪她去, 她会很伤心的。另外, 我是一个遵守约定的人, 已经答应过的事情是不会反悔的。所以真的对不起, 你下次再邀请我一次好吗? 那时候我一定去, 而且会带上上好的红酒。

한글해석
질문: 당신의 친구가 당신을 집으로 초대하였습니다. 하지만 당신은 이미 여동생이랑 뮤지컬을 보기로 했습니다. 당신이 친구에게 거절의 말을 해보세요.
예시답안: 샤오리, 나를 집으로 초대해 줘서 진짜 고마워. 하지만 공교롭게도 오늘 저녁 이미 여동생이랑 뮤지컬 보러 가기로 했어, 뮤지컬 티켓도 다 구매를 했고 환불할 수 없어. 이 티켓은 내가 친구한테 부탁해서 산 것이고 정말 힘들게 구했어. 이 뮤지컬은 내 여동생이 가장 보고 싶어하는 것이고 만약 내가 같이 가 주지 않으면 여동생이 많이 슬퍼할 거야. 그리고 나는 약속을 지키는 사람이어서, 이미 약속한 일은 꼭 지키려고 해. 진짜 미안해. 다음에 또 초대를 해줘. 그 때에는 내가 반드시 가고, 좋은 와인도 한 병 가져갈게.

단어
- 做客 [zuòkè] 동 손님이 되다
- 不巧 [bùqiǎo] 부 공교롭게도
- 音乐剧 [yīnyuèjù] 명 뮤지컬
- 拜托 [bàituō] 동 부탁드립니다
- 遵守 [zūnshǒu] 동 준수하다

Tip '不巧'는 부사로써 '불행하게도, 유감스럽게도, 공교롭게도, 운이 없게도'라는 뜻이다.
예 今天他逃课, 不巧被爸爸发现了。
오늘 그는 무단 결석을 했다. 공교롭게도 아버지한테 들켰다.
我很想去北京, 不巧没有机票真是太遗憾了。
저는 북경에 가고 싶었는데 공교롭게도 비행기 티켓이 매진되어 너무 유감스럽다.

第七部分: 看图说话

예시답안

① 小明今天上午打扮得非常有型, 西装革履的, 去汽车销售中心买轿车。他买了一辆今年最新款的轿车, 车的外观非常漂亮, 性能也非常好。
② 小明心中暗暗自喜, 他幻想着明天开车去上班, 同事们一定会非常羡慕他。特别是他的女同事们也会对他爱慕不已。
③ 第二天, 他早上兴高采烈地开着车去上班, 但是没想到路上堵车堵得很严重, 结果迟到了。
④ 他九点45分才到公司, 正好被部门经理抓个正着。他原本还想在同事面前炫耀一番他的新车, 结果反而丢了面子。

한글해석

① 샤오밍은 오늘 오전 스타일 좋게 꾸미고 양복을 차려 입고 자동차 매장에 자가용을 구매하러 왔다. 그는 올해 최신 디자인의 차를 구매했다. 디자인이 매우 예뻤고 기능도 아주 좋았다.
② 샤오밍은 속으로 아주 기뻐했다. 그는 내일 운전해서 출근할 때 동료들이 반드시 자신을 부러워하고 특별히 여자 동료들이 자신에게 호감을 가질 것이라고 상상했다.
③ 이튿날 아침, 그는 즐거운 마음으로 운전하여 출근했다, 하지만 생각지도 못하게 길에 차가 너무 막혀 지각을 하게 되었다.
④ 그는 9시 45분이 되어서야 회사에 도착하였다. 공교롭게도 부장님한테 바로 들켰다. 그는 원래 동료들 앞에서 새 차를 자랑하려고 하였는데, 오히려 체면을 잃게 되었다.

단어
- 有型 [yǒuxíng] 형 모양도 제대로 갖추어져 있고, 치장도 적절하게 되어 있는 것
- 西装革履 [xīzhuānggélǚ] 양복을 입고 가죽구두를 신다
- 暗暗 [àn'àn] 부 몰래
- 兴高采烈 [xìnggāocǎiliè] 기뻐서 의기양양해하다
- 炫耀 [xuànyào] 동 자랑하다, 뽐내다, 과시하다

Tip '非~不可'는 이중 부정의 형식을 사용하여 '一定'보다 더 강한 긍정의 어기를 표현하고 있다. '반드시 ~하지 않으면 불가능하다'라는 뜻이다.
예 这次我非要和你一起去不可。
이번에 나는 반드시 당신이랑 같이 갈거야.

실전 모의고사 5

第二部分: 看图回答

1
질문: 麦当劳离公司远吗?
예시답안: 麦当劳离公司很近, 走路五分钟就到。

한글해석
질문: 맥도날드는 회사에서 멉니까?
예시답안: 맥도날드는 회사에서 아주 가깝고, 걸어서 5분이면 도착합니다.

단어
- 麦当劳 [Màidāngláo] 명 맥도날드
- 公司 [gōngsī] 명 회사, 직장
- 远 [yuǎn] 형 멀다
- 近 [jìn] 형 가깝다
- 走 [zǒu] 동 걷다, 가다

Tip '离~'는 전치사로 '~에서, ~로부터, ~까지'의 의미로 쓰인다. '离'는 주어와 '离' 뒤에 오는 장소나 시간 간의 간격을 나타낼 때 쓰인다. 종종 주어를 생략하고 쓰기도 한다.

2
질문: 一号线地铁到明洞吗?
예시답안: 一号线地铁不到明洞, 换乘四号线后再坐两站就到了。

한글해석
질문: 지하철 2호선은 명동에 갑니까?
예시답안: 지하철 2호선은 명동에 가지 않습니다, 4호선으로 갈아타서 두 정류장을 더 가면 도착합니다.

단어
- 线 [xiàn] 명 노선
- 地铁 [dìtiě] 명 지하철
- 明洞 [míngdòng] 지명 명동
- 坐 [zuò] 동 교통수단을 타다
- 站 [zhàn] 명 정류장

Tip '换'은 '바꾸다, 갈아타다'의 의미로 사물의 교환을 나타낸다.
예 换钱 환전하다 | 换乘 환승하다

3
질문: 他家有谁?
예시답안: 他家有四口人, 爸爸、妈妈和两个女儿。

한글해석
질문: 그의 집의 식구는 어떻게 됩니까?
예시답안: 그의 집에는 네 식구가 있습니다, 아버지, 어머니 그리고 딸 둘이 있습니다.

단어
- 谁 [shéi] 대 누구
- 爸爸 [bàba] 명 아버지
- 妈妈 [māma] 명 어머니
- 两 [liǎng] 수 둘
- 女儿 [nǚ'ér] 명 딸

실전 모의고사 답안

Tip 일반적으로 2는 '二'로 쓰는데 양사 앞에는 '两'를 쓰고 또 외래의 도량형 단위에도 '两'를 쓴다.

4 질문 他多高?
예시답안 他身高一米九三, 而且很瘦。

한글해석 질문: 그는 키가 얼마입니까?
예시답안: 그의 키는 1미터 93센티미터이고, 게다가 아주 마른 체형입니다.

단어
- 高 [gāo] 형 크다
- 身高 [shēngāo] 명 키, 신장
- 米 [mǐ] 양 미터
- 而且 [érqiě] 접 게다가
- 瘦 [shòu] 형 마르다

Tip '多+형용사'의 형태로 사용하여 정도나 수량을 묻는 의문문으로 쓰인다. 이때 형용사는 보통 적극적인 의미를 나타내는 것이다.

第三部分: 快速回答

1 질문 听了很多人的意见, 我都不知道该怎么做了。
예시답안 你不要受别人的影响, 按你想的做, 才能不后悔。

한글해석 질문: 많은 사람들의 의견을 들었는데, 나 어떻게 할지 모르겠어.
예시답안: 다른 사람의 영향을 받지 말고, 네가 하고 싶은 대로 해. 그래야 후회하지 않을 거야.

단어
- 意见 [yìjiàn] 명 의견
- 别人 [biéren] 대 타인
- 按 [àn] 개 ~에 따라
- 才 [cái] 부 고작, 겨우
- 后悔 [hòuhuǐ] 동 후회하다

Tip '受~影响'은 '~한 영향을 받다'라는 뜻으로, '重视', '欢迎', '喜爱' 등의 추상적인 의미의 목적어와 주로 잘 쓰인다.

2 질문 中国人为什么喜欢数字"八"?
예시답안 中国人认为, 数字"八"的发音和发财的"发"发音差不多, 是挣很多钱的意思。

한글해석 질문: 중국사람은 왜 숫자 8을 좋아하니?
예시답안: 중국사람들은 숫자 8의 발음은 '부자가 되다' 할 때 'fa'의 발음과 비슷해서, '돈을 많이 벌다'라는 뜻이어서 좋아해.

단어
- 数字 [shùzì] 명 숫자
- 认为 [rènwéi] 동 여기다
- 发音 [fāyīn] 명 발음

- 发财 [fācái] 동 큰 돈을 벌다, 부자가 되다
- 挣钱 [zhèngqián] 동 돈을 벌다

Tip '认为'는 인지동사로 '~라고 여기다, 생각하다'로 해석되며 보통 절을 목적어로 가진다. 이와 같이 절을 목적어로 하는 인지동사로는 '以为', '知道', '记得' 등이 있다.

3 질문 听说每天吃一个苹果对身体很好。
예시답안 难道你现在才知道吗? 不过晚上吃苹果, 反而对身体不好。

한글해석 질문: 듣자 하니, 매일 사과를 하나 먹으면 몸에 좋대.
예시답안: 설마 지금 안 거야? 하지만 저녁에 사과를 먹으면, 오히려 몸에 좋지 않아.

단어
- 听说 [tīngshuō] 동 듣자 하니
- 苹果 [píngguǒ] 명 사과
- 身体 [shēntǐ] 명 몸, 신체
- 才 [cái] 부 고작, 겨우
- 反而 [fǎn'ér] 부 도리어, 오히려

Tip 어기부사 '难道'는 주어 앞뒤에 모두 놓일 수 있으며, 강한 반문의 어감을 나타낸다. 또한 문미에 어기조사 '吗'와 함께 쓰인다.

4 질문 你小时候的梦想是什么?
예시답안 其实我小时候的梦想是当一名医生, 不过长大以后, 却当了一名老师。

한글해석 질문: 너 어렸을 때 꿈이 무엇이었니?
예시답안: 사실 어렸을 때 꿈은 의사가 되는 거였어, 하지만 이후에는 선생님이 되고 싶었지.

단어
- 梦想 [mèngxiǎng] 명 꿈, 몽상
- 当 [dāng] 동 ~가 되다
- 医生 [yīshēng] 명 의사
- 却 [què] 부 도리어, 오히려
- 老师 [lǎoshī] 명 선생님

Tip '其实'는 부사로 '사실은, 실제는'의 의미로 사용된다. 앞 절의 내용과 상반된 내용 혹은 앞서 말한 내용을 수정, 보충할 경우 사용한다.

5 질문 哎呀, 我刚才做的表格全没了!
예시답안 用电脑工作的时候, 一定要养成随时保存的习惯。以后一定要小心。

한글해석 질문: 아, 나 방금 만든 표가 없어졌어.
예시답안: 컴퓨터로 일을 할 때는, 반드시 수시로 저장하는 습관을 길러야 해. 앞으로는 꼭 조심해.

단어
- 刚才 [gāngcái] 몡 지금, 막
- 表格 [biǎogé] 몡 표, 양식
- 一定 [yídìng] 뷔 반드시
- 随时 [suíshí] 뷔 수시로, 언제나
- 保存 [bǎocún] 동 저장하다, 보존하다

Tip '养成~习惯'은 '~한 습관을 기르다, 양성하다'의 의미로 결합해서 쓴다.
예 养成好习惯。좋은 습관을 양성하다.
养成坏习惯。나쁜 습관을 양성하다.
养成早睡早起的习惯。
일찍 자고 일찍 일어나는 습관을 양성하다.

- 效率 [xiàolǜ] 몡 효율
- 而且 [érqiě] 젭 게다가
- 直接 [zhíjiē] 형 직접적인

Tip '동사+惯', '동사+得/不+惯'은 어떤 일이나 사람에 대해 심리적 혹은 체질적으로 받아들일 습관이 되어 있는지의 여부를 나타낸다.

第四部分: 简短回答

1 질문 **你喜欢喝中国茶吗?**

예시답안 我很喜欢中国茶, 茶不仅是一种饮料, 而且有很大的药用价值。喝茶可以促进新陈代谢, 帮助消化, 对油脂有分解作用。还可以消除疲劳, 让人精神振作。

한글해석 질문: 당신은 중국의 차를 좋아합니까?
예시답안: 저는 중국의 차를 매우 좋아합니다. 차는 음료수뿐만 아니라 큰 약용가치가 있기도 합니다. 또는 차를 마시면 신진대사를 촉진시켜 줄 수 있어 소화를 도와주며 지방을 분해하는 작용이 있습니다. 또 피로를 없애주고, 사람으로 하여금 기운을 차리게 합니다.

단어
- 饮料 [yǐnliào] 몡 음료
- 促进 [cùjìn] 동 촉진시키다
- 油脂 [yóuzhī] 몡 지방
- 疲劳 [píláo] 형 지치다
- 振作 [zhènzuò] 동 분발하다

Tip 접속사 '不仅'은 '~뿐만 아니라'의 의미로 쓰이며 '不仅仅, 不但, 不光, 不单'과 바꾸어 쓸 수 있다. 두 번째 절에는 '而且, 并且, 还, 也'가 이어진다.

2 질문 **你觉得急性子和慢性子哪个更好? 为什么?**

예시답안 我觉得急性子比慢性子好, 因为工作的时候, 急性子的人工作效率比较高。而且急性子的人大部分性格都比较直爽。有不满意的会直接说出来。

한글해석 질문: 당신은 급한 성격과 느긋한 성격 중 어떤 것이 더 좋다고 생각합니까? 그 이유는 무엇입니까?
예시답안: 저는 느긋한 성격보다는 급한 성격이 좋다고 생각합니다. 왜냐하면 일을 할 때, 급한 성격의 사람이 일하는 효율이 비교적 높다고 생각합니다. 게다가 급한 성격의 사람은 대부분 비교적 직설적입니다. 마음에 들지 않은 것이 있으면 직접적으로 얘기합니다.

단어
- 性子 [xìngzi] 몡 성질, 성격
- 觉得 [juéde] 동 ~라고 생각하다

3 질문 **你吃过或者会做什么中国菜?**

예시답안 我很喜欢吃中国菜, 所以我学会了做中国菜。我会做鱼香肉丝, 孜然牛肉, 西红柿炒鸡蛋等很多中国菜。我觉得我在做菜的方面有两下子。

한글해석 질문: 당신은 중국요리를 먹어 본 적이나 해본 적 있습니까?
예시답안: 저는 중국요리를 아주 좋아해서, 요리하는 방법을 배웠습니다. 고추잡채, 쯔란 쇠고기, 토마토 계란 볶음 등, 많은 중국요리를 할 줄 압니다. 저는 요리 쪽에 재주가 있다고 생각합니다.

단어
- 或者 [huòzhě] 젭 혹은
- 孜然 [zīrán] 몡 쯔란(양념이름)
- 西红柿 [xīhóngshì] 몡 토마토
- 炒 [chǎo] 동 볶다
- 方面 [fāngmiàn] 몡 분야

Tip '有两下子'는 관용어로, 어떤 일에 재주가 뛰어나거나 수준이 높음을 나타낸다.
예 他游泳有两下子。
그는 수영하는데 재주가 있다.
没想到他的书法还有两下子。
그는 서예에 재주가 있는 것을 생각지도 못했어.

4 질문 **你有减肥的经验吗? 你认为怎样才能健康减肥?**

예시답안 我经常减肥, 但是都没有什么效果。什么苹果减肥法, 金枪鱼减肥法, 24小时空腹减肥法。这些方法让我的身体时胖时瘦, 其实最健康的减肥方法还是运动。

한글해석 질문: 당신은 다이어트하는 경험이 있습니까? 어떻게 건강하게 다이어트를 해야 한다고 생각합니까?
예시답안: 저는 자주 다이어트를 합니다. 하지만 아무런 효과가 없었습니다. 사과 다이어트, 참치 다이어트, 24시 공복 다이어트 등, 이 방법들로 살이 쪘다가 날씬해졌다 합니다. 사실 제일 건강한 다이어트를 하는 것은 운동입니다.

단어
- 经验 [jīngyàn] 몡 경험
- 减肥 [jiǎnféi] 동 살을 빼다
- 效果 [xiàoguǒ] 몡 효과
- 金枪鱼 [jīnqiāngyú] 몡 참치
- 空腹 [kōngfù] 몡 빈속

실전 모의고사 답안

Tip '时~时~'는 관용어로, 두 가지 상황이 반복하여 발생함을 나타낸다. '时' 뒤에는 반드시 의미가 상반된 단어가 쓰여야 한다.

5 질문: 你对你现在的房子满意吗?

예시답안: 我对现在住的房子比较满意, 首先, 离我工作的地方很近。其次, 周围有很多饭店, 超市等生活很方便。另外, 到地铁站只要五分钟, 交通非常便利。

한글해석
질문: 당신은 지금 살고 있는 집에 만족합니까?
예시답안: 저는 현재 살고 있는 집에 대해 비교적 만족합니다. 우선, 일하는 곳에서 매우 가깝고, 다음으로 주위에 식당, 마트 등이 많아서 생활하기에 매우 편리합니다. 그 외에 지하철역까지 5분 밖에 걸리지 않고, 교통이 아주 편리합니다.

단어
- 满意 [mǎnyì] 형 만족하다
- 周围 [zhōuwéi] 명 주위
- 超市 [chāoshì] 명 슈퍼마켓
- 交通 [jiāotōng] 명 교통
- 便利 [biànlì] 형 편리하다

Tip 전치사 '离'는 '~로부터, ~에서'의 뜻으로 장소나 시간의 두 지점 사이의 거리를 나타낸다.
예) 北京离首尔很近。
베이징은 서울에서 아주 가깝다.
现在离高考只有一个月。
지금부터 수능까지는 겨우 한 달 밖에 안 남았다.

第五部分: 拓展回答

1 질문: 你觉得学生应不应该有一些压力?

예시답안: 我认为学生在学习的过程中感受到适当的压力是很有必要的。当然, 小学生不需要有压力, 他们保持那份天真快乐就好了。对于中学生来说, 就应该施加一些压力了, 因为他们如果一味地放纵自己, 会使个人竞争意识淡薄, 跟不上时代的脚步。有压力才会有动力。我们应该让每个学生都认识到好好学习对自己未来发展的重要性。这样他们才能更好地朝着梦想而努力。不浪费每一分每一秒去追梦。

한글해석
질문: 당신은 학생에게는 어느정도의 스트레스가 있어야 한다고 생각합니까?
예시답안: 저는 학생은 공부하는 과정에서 적절한 스트레스를 받을 필요성이 있다고 생각합니다. 당연히, 초등학생 시기에는 스트레스의 필요성이 없습니다. 그들은 천진함과 즐거움을 유지하면 됩니다. 중학생에게는 스트레스를 가해야 합니다. 왜냐하면 그들이 만약 자신을 무턱대고 마음대로만 한다면 이후의 경쟁의식이 약해지고 시대의 발걸음을 따라가지 못할 것입니다. 어느정도의 스트레스가 있어야만이 에너지가 생깁니다. 우리는 모든 학생들에게 열심히 공부하는 것이 자신의 미래발전에 중요하다는 것을 인식할 수 있도록 해 주어야 이렇게 해야 그들은 더욱 꿈을 향해 노력을 할 것이고 1분1초도 낭비하지 않고 꿈을 쫓아갈 것입니다.

단어
- 必要性 [bìyàoxìng] 명 필요성
- 保持 [bǎochí] 동 유지하다
- 施加 [shījiā] 동 (압력이나 영향 등을) 주다
- 放纵 [fàngzòng] 동 구애받지 않다
- 淡薄 [dànbó] 형 희박하다

Tip '对于~来说'는 '~로 말하자면'의 뜻으로 전치사 상용조합이다.
예) 对于年轻人来说, 没有什么比工作热情更重要的东西了。
젊은이들로 말하자면 일에 대한 열정보다 더 중요한 것은 없다.

2 질문: 韩国几乎所有的父母都会送孩子去补习班学习, 谈谈你对补习班的看法。

예시답안: 我觉得在家庭经济条件允许的情况下和孩子自愿的前提下, 可以去补习班好好儿培养一下。上补习班可以培养孩子们的爱好和兴趣, 还可以弥补学校教育的不足, 有利于孩子全面发展。可以让孩子们懂得合理安排好自己的课余时间, 还可以在补习班交很多朋友, 其实是一件一举两得的事。当然, 如果上太多的补习班, 孩子会觉得学习有压力, 那么就会影响效果。家长应该让孩子自己决定上什么补习班, 这样在尊重孩子的同时也会让孩子有所收获。

한글해석
질문: 한국의 많은 부모들은 자식을 학원에 보내고 있습니다. 이에 대해 당신의 생각을 이야기해 보세요.
예시답안: 저는 만약 집의 경제적인 여건이 되고 아이도 원한다면 학원 수업을 받는 것도 좋다고 생각합니다. 학원에 다니면 아이들의 취미와 흥미를 만족시킬 수 있고, 학교의 커리큘럼에서 빠진 부분을 보완할 수 있어서 아이의 전면적인 성장에 도움이 됩니다. 아이가 합리적으로 여가시간을 계획할 수 있고 게다가 학원에서 새로운 친구들도 만날 수 있기 때문에, 일석이조입니다. 물론 너무 많은 학원에 보내면 아이는 공부의 스트레스를 느끼게 되고 효율성이 떨어질 수 있습니다. 부모님이 아이에게 스스로 어떤 학원을 갈 것인지를 결정하게 하면 아이를 존중하는 동시에 아이에게 성취감을 갖게 할 수 있습니다.

단어
- 前提 [qiántí] 동 전제, 조건
- 培养 [péiyǎng] 동 배양하다
- 弥补 [míbǔ] 동 메우다
- 一举两得 [yìjǔliǎngdé] 성 일거양득
- 收获 [shōuhuò] 동 수확하다

Tip '一举两得'은 성어로써 '일거양득'이라는 뜻이다. 비슷한 성어 표현으로는 '一石二鸟', '一箭双雕' 등이 있다.

3

질문 随着网络的发达，生活节奏的加快，越来越多的人不喜欢读书。请你对读书谈谈你的看法。

예시답안 俗话说得好"读万卷书，行万里路"，无论在什么年代读书对我们的影响是无可比拟的。现在的年轻人不爱读书的人越来越多，周边的诱惑也越来越多。所以大家的闲暇时间大多都用在娱乐方面。很少有人在家里或在图书馆里静下心来看书了。但是人类的进步需要学习，需要我们不断地提升自己，增长知识和见闻。这一切的来源都是书。因此我们应该提倡读书，减少吃喝玩乐。

한글해석 질문: 인터넷의 발달에 따라, 생활 리듬이 빨라지고 점점 많은 사람들은 독서를 기피하고 있습니다. 당신의 독서에 대한 생각을 말해보세요.

예시답안: 속담에서 '수많은 책을 읽으며, 천리 길을 다니다'라는 명언이 있습니다. 어느 시대를 막론하고 독서가 우리에게 미치는 영향은 비할 바가 없습니다. 현대의 젊은이들이 독서를 즐기지 않은 사람이 날이 갈수록 많아지고 있고 주변의 유혹도 너무 많습니다. 그래서 다들 여유시간을 오락활동에 많이 소비합니다. 집에서나 도서관에서 조용히 책을 읽는 사람이 점점 적어지고 있습니다. 하지만 인류의 발전을 위하여 공부가 필요하고 우리는 끊임없이 자신을 향상시켜야 하며 지식과 견해를 넓혀야 합니다. 이 모든 것은 책에서 옵니다. 따라서 우리는 독서를 즐겨야 하고 먹고 마시고 놀고 즐기는 것을 줄여야 합니다.

단어
- 无论 [wúlùn] 접 ~을(를) 막론하고
- 无可比拟 [wúkěbǐnǐ] 성 비할 바가 없다
- 诱惑 [yòuhuò] 동 유혹하다
- 闲暇 [xiánxiá] 명 한가한 시간
- 娱乐 [yúlè] 동 오락하다

Tip '读万卷书, 行万里路'는 중국어 속담이고 '수많은 책을 읽으며, 천리 길을 다니다'라는 뜻으로 독서의 중요성을 이르는 말이다.

4

질문 如果孩子帮父母做了一些家务，你认为父母应不应该给予物质上的奖励，为什么？

예시답안 我认为孩子帮助父母做家务，父母应该给予一些奖励，但是不应该是物质方面的。我们从小时候开始就要培养爱劳动的好习惯，而且这对以后树立良好的劳动习惯也有很大的帮助。孩子理解父母的辛劳，孝敬一下父母，为父母分担一些家务是很正常的事。父母可以用表扬或拥抱来表示对此的感谢。但是不要什么事都用金钱去衡量，这样会影响孩子的人生价值观。

한글해석 질문: 만약 아이가 부모님을 위해 집안일을 도와드렸다면 당신은 물질적인 보상을 해 주는 것이 좋다고 생각합니까? 그 이유는 무엇입니까?

예시답안: 저는 아이가 부모님을 도와 집안일을 했다면 부모님께서는 장려를 해야 하지만 그것은 결코 물질적인 것은 아니라고 생각합니다. 우리는 어려서부터 일하는 것을 즐기는 좋은 습관을 키워야 합니다. 게다가 이것은 나중에 좋은 습관을 형성하는데도 큰 도움이 됩니다. 아이가 부모님의 고생을 이해하고 부모님께 효도하고 집안일을 맡아 하는 것은 정상적인 일입니다. 부모님은 칭찬과 포옹으로 고마움을 표시할 수 있습니다. 다만 금전으로 평가하면 안됩니다. 이렇게 하면 아이의 인생가치관에 영향을 미칩니다.

단어
- 奖励 [jiǎnglì] 동 장려하다
- 物质 [wùzhì] 명 물질
- 树立 [shùlì] 동 수립하다
- 辛劳 [xīnláo] 형 고생스럽다
- 拥抱 [yōngbào] 동 포옹하다

Tip '树立'는 동사로 '~을 수립하다, ~세우다'라는 뜻으로써 뒤에는 추상적인·내용이 많이 온다.

예) 要树立团结、紧张、严肃、活泼的学习风气。
단결되고, 적극적이고, 엄숙하고, 활발한 학습 분위기를 확립해야 한다.
对于阻碍社会变革的思潮，要树立不破不立的观念。
사회 변혁을 가로막는 사조에 대하여, 반드시 낡은 것을 해체하지 않으면 새것을 세우지 못한다는 관념을 수립해야 한다.

第六部分：情景应对

1

질문 你的同事这次错过了升职的机会，非常伤心。请你安慰他。

예시답안 俗话说得好"好酒不怕巷子深"，我相信是金子一定会发光的。虽然这次没能升职，但是不代表你没有工作能力。我非常理解你现在的心情，也知道你为了这次升职考试付出了很多努力。通过这次经验和教训，下次你一定会成功的。想开一点儿，你这么优秀，这么有能力，以后肯定还会有机会的。现在只是时机未到，时机一到，你必将飞黄腾达。

한글해석 질문: 당신의 동료는 이번 승진 기회를 놓쳐서 상심이 큽니다. 그를 위로해 주세요.

예시답안: 속담에서 이런 말이 있어요. '술 맛만 좋다면 주점이 깊은 골목에 있어도 괜찮다'고, 비록 이번 승진에서 떨어졌지만, 이것이 당신의 일하는 능력을 의미하는 것은 아니에요. 당신의 심정을 충분히 이해해요. 그리고 당신이 이번 승진을 위하여 얼마나 많은 노력을 했는지도 알고 있어요. 이번 경험과 교훈을 통하여 다음 번에는 반드시 승진 할 거라고 믿어요. 크게 생각하세요. 당신은 이렇게 훌륭하고 능력이 있기 때문에 나중에는 반드시 기회가 있을 거예요. 지금은 단지 시기가 아닌 것이고, 시기가 오기만 하면 당신은 꼭 출세할 수 있을 거에요.

단어
- 俗话 [súhuà] 명 속담
- 升职 [shēngzhí] 명 승진

실전 모의고사 답안

- 教训 [jiàoxùn] 몡 교훈
- 时机 [shíjī] 몡 시기
- 飞黄腾达 [fēihuángténgdá] 셩 벼락출세하다

Tip '好酒不怕巷子深'은 속담으로써 '술맛만 좋다면 주점이 깊은 골목에 있어도 괜찮다'라는 뜻이다. '실력이 있으면 반드시 성공 할 수 있다'는 의미이다.

② 질문: 最近你的男朋友工作压力很大, 请你安慰他。

예시답안: 小明, 你最近是不是工作压力很大啊, 看你每天都无精打采的。其实有压力才会有动力。不管什么时候, 你都一定要保持良好的身体状态和精神状态。别给自己太大的精神压力, 这不仅对你的健康没有任何帮助, 而且还会影响你的工作效率。我相信你的能力, 你也要相信你自己。还有, 任何事情不要自己一个人解决, 多跟我说说。我一定竭尽所能帮助你的。

한글해석: 질문: 최근 당신의 남자친구는 업무 스트레스가 큽니다. 그를 위로해 주세요.

예시답안: 샤오밍, 당신 요즘 업무 스트레스를 많이 받죠. 매일 풀이 죽어 있네요. 사실 스트레스를 받아야 에너지가 생겨요. 당신은 언제나 좋은 건강상태와 컨디션을 유지해야 합니다. 자신에게 너무 많은 스트레스를 주지 마세요, 이것은 당신의 건강에 아무런 도움이 되지 않을 뿐만 아니라 게다가 일의 효율성에도 영향을 주어요. 나는 당신의 능력을 믿어요. 당신도 당신 자신을 믿으세요. 그리고, 그 어떤 일도 혼자서 해결하지 말고 나와 이야기해요. 저도 있는 힘껏 당신을 도울게요.

단어
- 无精打采 [wújīngdǎcǎi] 풀이 죽다
- 保持 [bǎochí] 동 유지하다
- 理智 [lǐzhì] 명 이성과 지혜
- 判断力 [pànduànlì] 명 판단력
- 竭尽所能 [jiéjìnsuǒnéng] 할 수 있는 모든 바를 다하다

Tip '无精打采'는 성어로써 '풀이 죽다, 기운이 없다'라는 뜻이다.
예) 他最近总是无精打采的, 是不是有什么事儿啊?
그는 최근에 늘 풀이 죽어 있다, 무슨 일 있는 것 아닐까요?
你今天怎么无精打采的, 看起来脸色这么不好?
당신 오늘 왜 기운이 없나요? 안색이 왜 이렇게 안 좋아 보여요?

③ 질문: 去春游的时候, 一个同学总是向你劝酒。你不会喝酒, 你会怎么拒绝他?

예시답안: 今天是我们第一次来春游, 真的很高兴。所以我也不想破坏大家的兴致。但是真的不好意思, 我不是不想喝酒, 而是不能喝酒。因为我的身体不太好, 喝一点儿酒就会酒精过敏, 身上会长出很多红斑, 非常不舒服, 并且很危险。所以医生禁止我喝酒。我的家人也不允许我喝酒。

한글해석: 질문: 봄 소풍 갈 때, 당신의 한 학우가 당신에게 계속 술을 권합니다. 당신은 술 마실 줄 모릅니다. 그를 어떻게 거절할까요?

예시답안: 오늘은 우리들이 처음 같이 하는 봄 소풍입니다, 저는 정말 기뻐요. 그래서 저는 분위기를 망치기 싫어요. 하지만 정말 죄송합니다. 저는 술을 마시기 싫어서 안 마시는 것이 아니라 술을 마시면 안됩니다. 왜냐 하면, 저의 건강상태가 별로 안 좋고 술 조금 마시면 알레르기 반응이 나타나고 온몸에 빨간 점이 생깁니다. 아주 불편할 뿐만 아니라 위험하기 까지 합니다. 그래서 이사는 저한테 술을 전혀 마시지 말라고 합니다. 우리 집에서도 제가 술을 마시는 것을 허락하지 않습니다.

단어
- 破坏 [pòhuài] 동 파괴하다
- 兴致 [xìngzhì] 명 흥미
- 过敏 [guòmǐn] 명 과민하다
- 危险 [wēixiǎn] 형 위험하다
- 禁止 [jìnzhǐ] 동 금지하다

Tip '禁止'는 동사로써 '금지하다'라는 의미를 나타낸다. 일상에서 가장 많이 쓰이는 표현으로는 '禁止吸烟', '禁止停车', '禁止拍照' 등이 있다.

第七部分: 看图说话

예시답안:
① 今天是小丽32岁生日, 小丽非常期待这次生日。因为最近工作压力很大, 她想借这次生日让自己好好儿放松一下。
② 可是到了下班时间, 部门经理却又给她布置了一些工作, 晚上她又不得不加班了。她又生气又无奈, 但也只好硬着头皮工作。
③ 做完一看表已经十一点钟了。这时, 突然办公室里的灯一下子都关了, 她的同事们拿着一个大蛋糕走了过来。
④ 她太惊喜了, 感动得掉下了眼泪。刚才工作的时候她的抱怨现在都烟消云散了。

한글해석:
① 오늘은 샤오리의 32살 생일이다. 샤오리는 이번 생일의 오기를 손꼽아 기다렸다. 왜냐하면 요즘 일적인 스트레스를 너무 많이 받아서 그녀는 이번 생일에 휴식을 취할 계획이다.
② 하지만 퇴근시간이 되었는데 부장님은 그에게 또 일을 주어, 저녁에 또 야근을 해야 했다. 그녀는 화가 나면서도 어쩔 수 없이 일을 하였다.
③ 일을 완료하고 시계를 보니 벌써 11시가 되었다. 이 때, 사무실의 불이 갑자기 다 꺼지더니 동료들이 케이크를 들고 다가 왔다.
④ 그녀는 아주 뜻밖이라고 느꼈고 감동한 나머지 눈물을 흘렸다. 방금 전 일할 때 가졌던 원망이 전부 사라졌다.

단어
- 布置 [bùzhì] 동 배치하다
- 无奈 [wúnài] 동 어찌 해 볼 도리가 없다
- 关灯 [guāndēng] 동 전등을 끄다
- 抱怨 [bàoyuàn] 동 원망하다
- 烟消云散 [yānxiāoyúnsàn] (사물·걱정·원망·분노 등) 깨끗이 사라지다

Tip '硬着头皮'는 습관용어로써 '울며 겨자 먹기'라는 뜻으로 쓰인다. 원하지 않은 상황에 많이 쓰인다.
예 因为答应了这件事, 他只好硬着头皮做下去。
이 일을 한다고 약속했기 때문에 그는 어쩔 수 없이 울며 겨자 먹기로 해야만 한다.